AF391541

CATALOGUE

D'UNE

COLLECTION

DE

LIVRES CHOISIS.

BIBLIOTHEQUE IMPÉRIALE — IMPR.

AVIS.

LA vente publique des Livres contenus au présent CATALOGUE, se fera en détail, au plus offrant & dernier enchérisseur, Lundi 11 Juin 1770, & jours suivans, depuis deux heures de relevée jusqu'au soir, en une maison sise Quai des Augustins, au coin de la rue Pavéc.

Les Bustes antiques & les Vases de Porphyre seront vendus après les Livres : On pourra les voir tous les jours.

CATALOGUE

D'UNE COLLECTION

DE LIVRES CHOISIS,

PROVENANS

DU CABINET DE M***

Le comte de lauraguais.
Abondant en livres Anciens

A PARIS,

Chez GUILLAUME DE BURE, Fils aîné, Libraire,
Quai des Augustins, à Saint-Claude & à
la Bible-d'Or.

M. DCC. LXX.

ORDRE
DES FACULTÉS ET DIVISIONS.

CLASSE PREMIÈRE.
THÉOLOGIE.

SECTION PREMIÈRE.

Textes & versions de l'Écriture-Sainte.

SECTION II.

SECTION III.

SECTION IV.

SECTION V.

THÉOLOGIENS.

JURISPRUDENCE.

SECTION PREMIÈRE.

SECTION II.

SCIENCES ET ARTS.

SECTION PREMIÈRE.
PHILOSOPHIE.

SECTION II.

PHYSIQUE.

SECTION III.

BELLES-LETTRES.

SECTION PREMIÈRE.

SECTION II.

RHÉTORIQUE.

SECTION III.

POÉTIQUE.

HISTOIRE.

PROLEGOMÈNES HISTORIQUES.

SECTION PREMIÈRE.

GÉOGRAPHIE.

SECTION II.

CHRONOLOGIE.

SECTION III.

EXPLICATION

Des Abbréviations, dont on s'est servi pour
désigner la condition & la reliûre
des Livres.

C. Max........ Chartâ Maximâ.
Ch. Mag........ Chartâ Magnâ.
M. R.......... Maroquin Rouge.
M. B.......... Maroquin Bleu.
M. V.......... Maroquin Vert.
M Cit. .... Maroquin Citron.
V. M.......... Veau Marbré,
V. F.......... Veau Fauve.

THÉOLOGIE.

[cachet de bibliothèque]

ETAT des Livres qui se trouvent en nombre chez DE BURE, fils aîné, Quai des Augustins.

LA BIBLIOGRAPHIE INSTRUCTIVE ou TRAITÉ de la Connoissance des Livres rares & singuliers, avec des Remarques sur le choix des Editions, &c. 7 vol. in 8. relié. . . . . 42 livr.

SUPPLEMENT à cet Ouvrage, ou CATALOGUE des Livres du CABINET de feu M. GAIGNAT, 2 vol. in 8. broché.
12 l.

Chaque CLASSE se vend séparément, à l'exception de la Partie de THÉOLOGIE, dont il ne reste plus d'Exemplaires surnuméraires. Savoir,

La JURISPRUDENCE & les SCIENCES ET ARTS, 1 vol. 6 l.
Les BELLES-LETTRES, ... 2 vol. 12 l.
L'HISTOIRE, ... 3 vol. 18 l.
Le SUPPLEMENT, ... 2 vol. 15 l.
Le même Livre, 9 vol. in 4. papier d'Hollande en feuilles,
216 l.

Chaque volume séparément se vend en feuilles, 24 l.
CATALOGUE des Livres du Cabinet de M. G. D. P. (Girardot de Préfond). Paris, 1757, in 8. 12 l.
CATALOGUE des Livres provenans de la Bibliotheque de M. L. D. D. L. V. (M. le Duc de la Valliere). Paris, 1767, 2 vol. in 8. 12 l.
Les Œuvres de Virgile de la traduction, & avec les remarques de M. l'Abbé Desfontaines. Par. 1743, 4 vol. in 8. grand papier, figures de M. Cochin. 48 l.
L'Eneide di Virgilio del Commendatore Annibal Caro. In Parigi, 1760, 2 vol. in 8. fig. 30 l.

Le même en papier d'Hollande. 42 l.

Epiftole eroiche di Ovidio, tradotte da Remigio. *In Parigi,* 1763, *in* 8. 9 l.

Les mêmes Epîtres traduites en François, *Paris,* 1762, *in* 8. 9 l.

Poefie del Signor Abate Pietro Metaftafio. *Parigi,* 1755, 9 *vol. in* 8. 48 l.

Le même livre en grand papier. 72 l.

Gerardi de Méerman, olim Syndici Roterodamenfis, origines Typographicæ, cum fig. æneis. *Hagæ-Comitum,* 1766, 2 *vol. in* 4. *en feuilles.* 30 l.

Le même Livre en grand papier. 60 l.

Hiftoire générale de la Ville de Calais & du Calaifis, avec une Differtation fur l'origine des Morins, & les Généalogies des Familles Nobles, par M. le Fevre. *Paris,* 1766, 2 *vol. in* 4. *relié.* 30 l.

On trouve chez le même Libraire une Collection confidérable des Livres rares & choifis, dont une partie compofoit le fonds de Librairie de M. GUILLAUME FRANÇOIS DE BURE le jeune.

De l'Imprimerie de DIDOT, rue Pavée, 1770.

THÉOLOGIE.

SECTION PREMIÈRE.

Textes & Versions de l'Écriture-Sainte.

I.

Bibles en plusieurs Langues, appellées
POLYGLOTTES.

N°.

1. BIBLIA SACRA POLYGLOTTA, complectentia Textus originales, Hebr. Chaldaïc. & Græcè, Pentateuchum Samaritanum, & versiones antiquas. studio Briani Walton. *Londini, Roycroft, 1657, 6 tomes reliés en 14 vol. in-fol. C. Max.* M. R. *lavé, réglé.*

2. Edmundi Castelli, Lexicon Heptaglotton, Hebraïcum, Chaldaïcum, Syriacum, Samaritanum, &c. *Londini, Scott, 1686, 2 vol. in-fol.* M. R.

A

BIBLIOTHÈQUE IMP.

Versions Grecques & Latines.

3. Davidis Regis ac Prophetæ, Pſalmorum Liber, græcè & latinè. *Antverpiæ, Chriſt. Plantin*, 1584, *in-8.* M. R.

4. Biblia Sacra Latina Vulgatæ editionis. *Codex manuſcriptus in membranis, & Litteris Gothicis exaratus, in-4.* M. R.

5. Eadem Biblia Sacra Latina Vulgatæ editionis. *Moguntiæ per Joannem Fuſt, & Petrum Schoyffher de Gernzheym, anno* 1462, *2 vol. in-fol.* M. R. *Exemplar elegans impreſſum in membranis.*

6. Biblia auræa cum ſuis Hiſtoriis, necnon exemplis veteris atque novi Teſtamenti. *Impr. per Joan. Grunynger, anno* 1466, *in-4.* M. B.

7. Biblia Sacra Vulgatæ editionis à Sixto V. Pontifice maximo, recognita & approbata. *Romæ, ex Typographiâ Apoſtolicâ Vaticanâ*, 1590, *3 tomes en 2 vol. in-fol.* M. V. *dentelle. Exemplar elegans.*

8. Eadem Biblia Sacra Vulgatæ editionis Sixti V, ex recognitione, & cum Bullâ Clementis VIII. *Romæ, ex Typographiâ Vaticanâ*, 1598, *3 vol. in-8.* M. cit.

9. Epiſtolæ Beati Pauli Apoſtoli. *Editio vetus edita Pariſiis in Sorbonâ abſque anno, in-4.* M. B.

Versions Françoises, Espagnoles, &c.

10. La Bible, qui est toute la Sainte-Ecriture ; traduite en françois par Robert-Pierre Olivetan, aidé de Jean Calvin. *Neufchâtel, Pierre de Wingle,* 1535, *in-fol.* M. R.

11. La Bible, en laquelle sont contenus tous les Livres Canoniques de la Sainte-Ecriture, tant du vieux que du nouveau Testament ; translatée en françois par Jean Calvin. *Genève, à l'Epée,* 1540, *in-4.* M. R.

12. Biblia en lengua Española, traduzida palabra por palabra de la verdad Hebrayca, por muy excellentes Letrados (*los Judeos Españoles*). *En Ferrara a costa y despesa de Yom Tob Atias hijo de Levi Atias Español. anno 5313 (de Christo 1553), in-fol.* M. R.

13. La misma Biblia en lengua Española. *En Ferrara a costa y Despesa de Jeronymo de Vargas Español anno 1553, in-fol.* M. R.

I I.

*Harmonies & Concordes Evangéliques,
extraites des Livres mêmes des
Evangélistes.*

14. Zachariæ Crisopolitæ Concordia Evangelistarum. *Absque notâ urbis, anno 1473,
in-fol. M. R.*

I I I.

Histoires & Figures de la Bible.

15. Figures du nouveau Testament, gravées en bois, avec des Explications en
forme de Quatrains. *Paris, Hiérosme de
Marnef, in-16. M. R.*

16. Discours historiques, critiques, théo-
logiques & moraux, sur les Evénemens
les plus mémorables de l'ancien & du
nouveau Testament; par Jacques Saurin:
avec des Figures gravées en taille-douce
sur les Desseins de MM. Hoët, Hou-
braken & B. Picart. *Amsterdam, de
Hondt, 1720, 6 vol. in-fol. V. M. papier
Impérial.*

17. Ludolphi Saxonis Carthusiensis, opus
de Vitâ Christi. *Editio Vetus absque notâ
urbis & anni, in-fol. M. R.*

18. Ejusdem Operis editio altera. *Anno
1474, in-fol. C. M. M. R.*

19. La Vita di Maria Vergine, di Meſſer Pietro Aretino. == Il Geneſi del Medeſimo. *In Venetia,* 1541. == I ſette Salmi de la Penitentia di David, del Medeſimo. *In Venetia, Franc. Marcolini* 1539, *in-*8. M. R.

IV.

Interprêtes & Commentateurs de l'Écriture Sainte.

20. Rev. Cardinalis Joannis de Turrecremata, expoſitio in Pſalmos. *Moguntiæ, per Petr. Schoyffer de Gernzheym, anno* 1474, *in-fol.* M. R.

21. Ejuſdem Operis editio altera. *Moguntiæ, per Petrum Schoyffer de Gernzheym, anno* 1476, *in-fol. non relié.*

22. Ejuſdem Operis editio altera. *Moguntiæ, per Petrum Schoyffer de Gernzheym, anno* 1478, *in-fol.* M. B.

23. Joan. Gerſonii, Compilatio devota ſuper Pſalmum Magnificat. *Editio anni* 1473, *in-fol.* M. B.

24. Catena aurea Sancti Thomæ, ſive Opus aureum ſuper IV Evangeliſtas, cum Præfatione Joannis Andreæ Epiſcopi Alerienſis. *Romæ, in domo Petri de Maximis, per Conradum Suneynheym & Arnold. Pannartz, anno* 1470, 2 *vol. in-fol.* M. R.

25. Hieronymi Natalis, adnotationes &
meditationes in Evangelia totius anni,
cum figuris Ænæis. *Antverpiæ*, 1593,
in-fol. M. B.

SECTION II.

Liturgies.

26. Josephi Vicecomitis, Collegii Ambro-
siani Doctoris Theologi, Observationes
Ecclesiasticæ. *Mediolani è Collegii Am-
brosiani Typographiâ*, 1615, 4 tomes en
2 vol. in-4. M. R.

27. Divina Liturgia Sancti Apostoli &
Evangelistæ Marci, græcè & latinè.
Parisiis, Ambrosius Drouard, 1583, in-8.
M. R.

28. Missale Romanum Vetus, absolutum
anno 1262. *Codex manuscriptus in membranis, in-fol.* M. R.

29. Heures anciennes. *Mss. sur vélin, avec
miniatures*, in-8. velours violet.

30. Heures à l'usage de Rome, tout au
long sans rien requérir, avec les figures
de la vie de l'Homme & la destruction
de Hiérusalem. *Paris, Anabat, in-4.*
relié en bois. Exemplaire imprimé sur
vélin.

31. Horæ Beatæ Mariæ Virginis, secundùm
usum Romanum. *Parisiis, Guill. Eus-
tache, in-8.* M. cit. Exemplar impressum
in membranis.

32. Les Epîtres & les Evangiles de tout l'an, selon l'ordonnance du Miffel à l'ufage de Paris, traduites en françois par Frère Jean de Bufnay, de l'Ordre du Haut-Pas. *Mff. fur velin avec minia-tures, in-fol. M. B.*

33. Pfalterium ad ufum Ecclefiæ Argenti-nenfis. *Impenfis Joan. Reynardi alias Grunynger, anno 1489, 2 vol. in-8. M. R. Exemplar impreffum in membranis.*

34. Liturgia Suecanæ Ecclefiæ, fuecicè & latinè, cum Præfatione & notis Laurentii Archiepifcopi Upfalenfis. *Sto-cholmiæ, Tidemannus, 1576, in-fol.*

35. Eadem Liturgia fuecicè & latinè. *Stocholmiæ, Gutterwitti, anno 1588 in-4. M. B. Ad calcem voluminis reftituta funt quædam Mff.*

SECTION III.

Conciles.

36. Acta Concilii Tridentini. *Parifiis, Reginaldus Calderius, 1546, in-8. M. R.*

37. Concilii Tridentini Canones & De-creta. *Antverpiæ, Joan. Steelfius, 1564, in-8. M. R.*

38. Collectio Orationum ad Patres Con-cilii Tridentini Habitarum. *Typis origi-nalibus, anno 1562 & 1563, in-4. M. R.*

39. Matth. Ugonii, Episcopi Phamaugus-
tani, de Conciliis Synodia Ugonia, sive
de omnibus ad Concilia ritè celebranda
pertinentibus. *Venetiis,* 1564, *in-fol.*
M. R.

SECTION IV.

Saints Pères.

40. Sancti Cypriani Epistolæ. *Venetiis,*
per Vindelinum Spirensem, anno 1471,
in-fol. M. B. *Editio primaria.*

41. Lactantii Firmiani Opera. *Romæ, in*
domo Petri de Maximo, anno 1468, *in-*
fol. V. F.

42. Exameron Sancti Ambrosii. *Impress.*
absque loco & anno (*circà* 1470) *in-fol.*
M. R.

43. Homeliæ Beati Joannis Chrysostomi
super Evangelia Joannis. *Romæ, in Mo-*
nasterio Sancti Eusebii, anno 1470, *in-*
fol. M. B.

44. Sermones Sancti Joan. Chrysostomi, è
græco in latinum traducti per Chris-
tophorum Personam, Priorem Sanctæ
Balbinæ. *Editio vetus absque loco & anno,*
in-fol. M. B.

45. Sancti Hieronymi Epistolæ. *Moguntiæ,*
per Petr. Schoyffer de Gernzheym, anno
1470, 2 *vol. in-fol.* V. F.

46. Sancti Augustini de veræ vitæ cogni-
tione

tione Libellus. *Editio vetus, Moguntiæ edita circà annum* 1470*, in-*4*. M. R.*

47. Ejufdem Sancti Auguftini Liber de Vitâ Chriftianâ. *Editio vetus, Moguntiæ edita circà annum* 1470*, in-*4 *M. R.*

48. Ejufdem Sancti Auguftini & aliorum Tractatus de Vitâ Beatâ. *Editio vetus, Moguntiæ edita circà annum* 1470*, in-*4*. M. R.*

49. La Cité de Dieu de Saint Auguftin, trad. en françois par Raoul de Praefles. *Mff. fur velin, avec de belles miniatures,* 4 *vol. in-fol. M. B.*

50. Beati Gregorii Homeliæ in Evangelia. *Parifiis, per Michaëlem Friburger, Udalricum Gering & Martinum Crantz, anno* 1475*, in-fol. M R.*

SECTION V.

Théologiens.

I.

Théologie fcolaftique & dogmatique.

51. Sancti Thomæ de Aquino, Quæftiones Quotlibet. *Editio vetus, fine loco & anno, fed circà annum* 1470 *excufa, in-fol. M. R.*

52. Joan. Duns Scoti Quæftiones Quotlibet. *Venetiis, per Joannem de Colonia*

sociique ejus Joan. Manten de Garret-
zem, anno 1477, *in-fol.* M. R.

53. Pet. Abælardi & Heloisæ Conjugis ejus
Oper. Stud. Andreæ Quercetani. *Parisiis,*
Buon, 1616, *in-*4. V. F.

54. Christ. de Capite Fontium, varii Tractatus de necessariâ Scholasticæ Theologiæ correctione. *Parisiis, Sittard,* 1586,
*in-*8. M. V.

Traités de la Grâce & du Libre arbitre, &c.

55. Thomæ Bradwardini, olim Archiepiscopi Cantuariensis de causâ Dei, contra
Pelagium Libri tres. *Londini, Billius,*
1618, *in-fol.* M. R.

Traités de l'Eglise & des choses Ecclésias-
tiques, & premièrement de l'Eglise,
des Conciles, du Pape, &c.

56. Fr. Antonii Perez, Monachi Benedic-
tini, Pentateuchum fidei; sive volumina
quinque de Ecclesiâ, de Conciliis, de
Scripturâ Sacrâ, de Traditionibus Sacris,
& de Romano Pontifice. *Matriti, apud*
Viduam Martin. 1620, *in-fol.* M. R.

57. ~~Joannis, Episcopi Chemensis,~~ onus
Ecclesiæ, seu excerpta varia de afflictio-
ne, statu perverso, & necessitate Refor-
mationis Ecclesiæ. *Editio anni* 1531,
in-fol. M. B.

Traités des Sacremens & de leur Adminis-
tration.

58. Guillermi Parisiensis Episcopi, Dialogus
de VII Sacramentis. *Parisiis, Joan. Bon-*
homme, 1489, *in-*4. M. R.

Traités des quatre dernières fins de l'Homme,
la Mort, le Jugement dernier, le Pur-
gatoire, le Paradis & l'Enfer.

59. Pet. Arkudii, de Purgatorio igne ad-
versus Barlaam, Liber, græcè & latinè.
Romæ, Typis Sacræ Congregationis de
Propagandâ fide 1637, *in-*4. M. R.

II.

Théologie Morale.

Traités concernans les Disputes sur la Théo-
logie morale, & sur celle des nouveaux
Casuistes.

60. Les Provinciales, ou Lettres écrites
par Louis de Montalte (Blaise Pascal)
à un Provincial de ses amis, traduites
en latin par Guil. Wendrock, en espagnol par Gratien Cordero, & en italien
par Cosimo Brunetti. *Cologne, Balth.*
Winfelt, 1684, *in-*8. M. R.

*Instructions pour les Confesseurs
& les Pénitens, &c.*

61. Joannis Nyder Manuale Confessorum.
=Ejusdem Tractatus de Prædestinatione.
*Editio vetus sine loco & anno, sed circà
annum* 1470, *excusa, in-fol.* M. R.

62. Ejusdem Manualis Confessorum editio
altera. *Editio vetus sine loco & anno, in-4.*
M. R.

63. Ejusdem Operis, editio altera. *Parisiis, Joan. Bonhomme, anno* 1489, *in-4.*
M. R.

64. Guidonis de Monte Rocherii, Liber
manipulus Curatorum. *Parisiis, anno*
1473, *in-fol.* M. R.

65. Ejusdem Operis, editio altera. *Parisiis,
Phil. Pigouchet,* 1489, *in-4.* M. R.

66. Hermanni de Salvis speculum Sacerdotum. *Editio vetus Moguntina, circà
annum* 1470, *excusa, in-4.* M. R.

*Mélanges de Théologie morale, contenant
des Censures sur la Morale, des Réso-
lutions de cas de Conscience, &c.*

67. Question moral, si el Chocolate que-
branta el ayuno ecclesiastico, por Ant.
de Leon de Pinello. *En Madrid, por
la Viuda de Juan Gonçalez,* 1636, *in-4.*
M. B.

III.

Théologie Parænétique, ou des Sermons.

68. Leonardi de Utino, Sermones aurei de Sanctis. *Editio anni* 1446, *in-fol.* M. R.

69. Eorumdem Sermonum, editio altera. *Impreſſ. ſine loco & anno, in-fol.* M. R.

70. Eorumdem Sermonum, editio altera. *Spiræ Pet. Drachę,* 1478, *in-fol.* M. R.

71. Ejuſdem Leonardi de Utino, Sermones Quadrageſimales de Legibus. *Pariſiis, Martinus & Michaël Udalricus, anno* 1478, *in-fol.* M. R.

72. Frat. Ambroſii de Spiera, Sermones Quadragesimales de Floribus Sapientiæ. *Venetiis, Vindelinus de Spira, anno* 1476, *in-fol.* M. R.

73. Sermones Dominicales, intitulati: DORMI SECURE. *Pariſiis, Joan. Parvus* 1530, *in-8.* M. V.

74. Oliverii Maillardi, Sermones de Adventû. *Pariſiis, Phil. Pigouchet,* 1526, *in-4.* M. viol.

75. Ejuſdem Oliverii Maillardi, Sermones Quadrageſimales. *Pariſiis, in-8.* M. B.

76. Michaëlis Menoti, Sermones Quadrageſimales, Turonis Declamati. *Pariſiis, Claudius Chevallon,* 1525, *in-8.* M. R.

77. Ejuſdem Michaëlis Menoti, Sermo-

nes, Parisiis Declamati. *Parisiis, Joan. Petit,* 1530, *in-8. M. viol.*

78. Fratris Gabrielis Barelete, Sermones de Tempore, 1518, *in-4. M. viol.*

79. Navicula, sive speculum Stultorum Fatuorum, Præstantissimi Doctoris Joannis Geiler, Keysersbergii Concionatoris Argentinensis, à Jacobo Otthero Collecta. *Argentorati, Joan. Knoblonchii,* 1513, *in-4. M. R.*

80. Frat. Roberti Messier, Sermones super Epistolas & Evangelia totius Quadragesimæ. *Parisiis, Claudius Chevallon, in-8. M. B.*

81. Sermons de Jean de Monluc, Evêque de Valence, sur certains Points de la Religion. *Paris, Michel Vascosan,* 1559, *in-8. M. viol.*

I V.

Théologie Mystique ou contemplative.

82. Thomæ à Kempis de Imitatione Christi Libri IV. *Lugd. Batav. apud Joan. & Dan. Elzevirios, in-12. M. B. doublé de tabis.*

83. Exercitia Spiritualia Ignatii de Loyola. *Romæ, in Collegio Societatis Jesu,* 1596, *in-16. M. R.*

84. Le Dialogue de consolation entre l'Ame & Raison. *Paris,* 1537, *in-8. M. B.*

85. Le Guidon & Gouvernement des Gens mariés; par Raoul de Montfiquet. *Paris, Phil. Le Noir, in-4. M. B.*

V.

Théologie Polémique, ou Traités concernans la défense de la Religion Chrétienne & Catholique.

86. Jac. Payvæ Andradii, Orthodoxæ Explicationes de Religionis Christianæ Capitibus, adversus Hæreticos. ~~Venetiis~~, ~~Zilettil~~, 1564, *in-8. M. R. 12ᵐ⁵·T.*

87. Defensio Tridentinæ Fidæi Catholicæ, adversus Hæreticorum calumnias, autore Dieguo Payva d'Andrada. *Olyssipone, Ant. Riberius, 1578, in-4. V. F.*

88. Victoria Porcheti de Salvaticis, adversus impios Hebræos, ex recognitione Aug. Justiniani. *Parisiis, Gourmont, 1520, in-fol. M. R.*

89. Pauli Moroceni, opus de Æternâ temporalique Christi generatione, in Judaïcæ perfidiæ improbationem, & Christianæ Religionis gloriam. *Patavii, anno. 1473, in-4. V. F.*

90. Dionysii Carthusiani, contra Alchoranum & Sectam Machometicam Libri V. *Colonia, Pet. Quentel, 1533, in-8. M. R.*

V I.

Théologie Hétérodoxe.

Ecrits des anciens Réformateurs Grecs &
Vaudois, Wiclefistes, Hussites, &c.

91. Hieremiæ, Patriarchæ, Constantinopolitani, Censura Orientalis Ecclesiæ, de
præcipuis nostri seculi Hæreticorum
Dogmatibus, è græco latinè, per Sta-
nislaum Socolovium. *Coloniæ, Maternus
Cholinus,* 1583, *in-*8. M. R.

92. Joannis Wiclefi, Dialogorum libri IV.
quorum *primus,* Divinitatem & ideas
tractat; *secundus,* universarum creatio-
nem complectitur; *tertius,* de virtutibus
vitiisque contrariis loquitur; *quartus,*
Romanæ Ecclesiæ Sacramenta, ejus pes-
tiferam dotationem, variaque nostro ævo
scitû dignissima graphicè perstringit. *Impress. absque notâ editionis, anno* 1525,
*in-*4. M. B.

93. Joan. Hus, & Hieronymi Pragensis,
Historia & Monumenta. *Noribergæ, in
Officinâ Joannis Montani,* 1558, *2 vol.
in-fol.* M. violet.

94. Hulderichi Hutteni Equitis Germanici,
Dialogi V. scilicet fortuna, febris prima,
febris secunda, trias Romana, inspi-
cientes. *Impress. sine loco, anno* 1530,
*in-*4. M. viol.

Ecrits

Ecrits des nouveaux Réformateurs, Luthé-
riens, Calvinistes, &c.

95. Franc. Vilierii, de statu primitivæ Ec-
clesiæ, ejusque Sacerdotiis, Tractatus.
Hierapoli, Joan. Crispinus, 1553, *in-8.*
M. R.

96. Joan. Cochlæi, Concilium delectorum
Cardinalium, & aliorum Prælatorum, de
emendandâ Ecclesiâ, Paulo III, jubente
conscriptum. *Anno* 1539, *in-8. non relié.*

97. Actiones duæ Secretarii Pontificii
(Petri Pauli Vergerii) : quarum Prima
disputat, an Paulus Papa IV debeat
cogitare de instaurando Concilio Tri-
dentino. Altera vero, an vi & armis
possit deinde imperare Protestantibus,
ipsius Concilii Decreta. 1556 , *in-8.*
V. F.

98. Adversus Synodi Tridentinæ restitu-
tionem, seu continuationem à Pio IV
Pontifice, indictam, opposita Grava-
mina. *Argentorati, Samuel Emmen,*
1565, *in-4.* M. R.

99. Passevent Parisien, répondant à Pas-
quin Romain : de la vie de ceux qui se
disent vivre selon la réforme de l'Évan-
gile, & sont allés demeurer sous les
Princes de Berne & Seigneurs de Genève : fait en forme de Dialogue. *Lyon,*
1556, *in-8.* M. R.

C

100. Defensio fidei de Sacrâ Trinitate, contrà prodigiosos errores Michaelis Serveti, per Joan. Calvinum. *Oliva Roberti Stephani*, 1554, *in-8. M. viol.*

Traités Hétérodoxes contre le Saint-Siége, &c.

101. Expositio vera harum imaginum olim Nurembergæ repertarum, ex fundatissimo veræ Magiæ vaticinio deducta, per Theophr. Paracelsum. 1570, *in-8. M. R.*

102. Epistola Luciferi, missa Clementi Papæ sexto, data in centro terræ, ac in palatio tenebricoso, præsentibus Dæmonibus; sub nostri terribilis signi caractere, in robur præmissorum. *Impress. absque loci & anni indicatione, in-4. M. B.*

103. Histoire de la Mappemonde Papistique, par Frandigelphe Escorche-Messes (Théod. de Beze). *Luce nouvelle, par Brifaud Chasse-Diables,* 1567, *in-4. M. vert.*

Traités qui contiennent des erreurs parti-
culières, & plusieurs Systêmes de Liberté
philosophique, de Religion naturelle,
Athéisme, Déisme, &c.

104. Guil. Postelli, de orbis terræ Con-
cordiâ libri IV. (*Basileæ*, 1544), *in-fol.*
M. R.

105. Ejusdem Postelli, Alcorani seu legis
Mahometi & Evangelistarum Concor-
diæ liber, in quo de calamitatibus orbi
Christiano imminentibus, tractatur. *Pa-*
risiis, Petrus Gromorsius, 1543, in-8.
M. R.

106. Ejusdem Postelli, opus de Nativitate
mediatoris ultimâ, nunc futurâ & toto
orbi terrarum in singulis ratione præditis,
manifestandâ. *Absque notâ edit. & anni,*
in-4. M. R.

107. Ejusdem Postelli, Abrahami Patriarchæ, liber Jezirah, sive formationis
mundi. *Parisiis, 1552, in-16.* M. B.

108. Ejusdem Postelli, eversio falsorum
Aristotelis Dogmatum. *Parisiis, Sebast.*
Nivellius, 1552, in-24. M. B.

109. Ejusdem Postelli, de Universitate liber. *Parisiis, apud Martinum Juvenem,*
1563, *in-4.* V. F.

110. Les très-merveilleuses Victoires des
Femmes du nouveau Monde, & com-
ment elles doivent à tout le monde,

par raiſon, commander : à la fin eſt
adjouſté, la Doctrine du Siècle doré, par
Guil. Poſtel. *Paris, Jehan Ruelle,* 1553,
in-16. M. R. *Edition originale, petite
lettre.*

111. Spaccio de la Beſtia trionfante, pro-
poſto da Giove, effettuato dal Conſe-
glio, revelato da Mercurio, recitato da
Sofia, udito da Saulino, regiſtrato dal
Nolano, diviſo in tre dialogi, ſubdiviſi
in tre parti, (opera di Giordano Bruno
Nolano). *In Parigi,* 1584, *in*-8. M. *à*
compartimens. 200 *ſ. l.*

112. La Cena de le Ceneri, deſcritta in
cinque dialogi, per quattro Interlocu-
tori, con tre conſiderationi, circa doi
ſugetti, del Medeſimo Giordano Bruno
Nolano. *Stampato l'anno* 1584, *in*-8.
parchemin.

113. Del' Infinito univerſo & Mondi, del
Medeſimo Bruno Nolano. *In Venetia,*
1584, *in*-8. V. F.

114. Ejuſdem Jordani Bruni Nolani, liber
de umbris idearum. *Pariſiis, Ægidius
Gorbinus,* 1582, *in*-8. M. R.

115. Ejuſdem Jordani Bruni Nolani, de
imaginum, ſignorum, & idearum com-
poſitione, libri tres. *Francofurti, Joan.
Wechel,* 1591, *in*-8. M. R.

116. Ejuſdem Jordani Bruni Nolani, de
monade, numero, & figura, liber; nec-
non de univerſo & Mundis, libri VIII.

*Francofurti, Joan. Wechel, 1591, in-8.
M. R.*

117. Ejufdem Jordani Bruni Nolani, de
triplici minimo & menfura, ad trium
fpeculativarum fcientiarum, & multa-
rum activarum artium principia,
libri V. *Francof. Joan. Wechel, 1591,
in-8. M. R.*

118. Ejufdem Jordani Bruni Nolani, Acro-
tifmus, feu rationes articulorum Phyfi-
corum, adverfus Peripateticos, Parifiis
propofitorum. *Vitebergæ, apud Zachar.
Cratonem, 1588, in-8. M. R.*

119. Ejufdem Jordani Bruni Nolani, Liber de fpecierum fcrutinio & lampade
combinatoriâ, Raymundi Lullii. *Pragæ,
Georgius Nigrinus, 1588, in-8. M. R.*

120. Difpute de l'Euchariftie, par David
Derodon. *Genève, Pierre Aubert, 1655,
in-8. M. B.*

121. Davidis Derodon, Difputatio de
fuppofito, in quâ plurima hactenùs inau-
dita, de Neftorio tanquam Orthodoxo,
& de Cyrillo Alexandrino, aliifque
Epifcopis, Ephefi in Synodum coactis,
tanquam Hæreticis demonftrantur, ut
foli facræ Scripturæ infaillibilitas affera-
tur. *Francofurti (feu potiùs in Gallia),
1645, in-8. M. R.*

122. La Confeffion de foi de Cyrille, Pa-
triarche de Conftantinople, cenfurée
par Meffire François de la Beraudiere,

Evêque de Périgueux. *Périgueux, Pierre
Daluy*, 1629, *in-8.* M. B.

123. Bern. Connor, Evangelium Medici,
feu Medicina Myftica, de fufpenfis na-
turæ legibus, five de Miraculis. *Londini,
Rich. Wellinton,* 1697, *in-8.* M. B.

JURISPRUDENCE.

SECTION PREMIÈRE.

Droit Canonique.

124. **L**UCII Antistii Constantis (Benedicti Spinosæ), de Jure Ecclesiasticorum Liber singularis. *Alethopoli*, 1665, *in*-8. *M. R.*

125. Defensorium Curatorum, contrà eos qui Privilegiatos se dicunt. *Editio vetus absque notâ urbis & anni*, *in*-4. *M. B.*

126. Factum pour M. Jean-Bapt. Thiers, Curé de Champrond, défendeur; contre le Chapitre de Chartres, demandeur. *In*-12. *V. M.*

127. La Sauce-Robert justifiée. 1679. == La Sauce-Robert, ou Avis salutaires à M. Jean Robert, Grand-Archidiacre de Chartres; par Jean-Bapt. Thiers. 1679, *in*-8. *M. B.*

Droit Ecclésiastique des Réguliers & des Religieux.

128. Statuta Ordinis Carthusiensis, nec-non Privilegia ejusdem Ordinis, per

Guigonem Priorem Cartbusiæ edita. *Ba-*
filea, Joan. Amorbachius, 1510, *in fol.*
M. B.

129. Conftitutiones Examinis Generalis
Societatis Jefu. *Romæ, apud Victorium*
Hælianum, 1570, *in-8.* M. *à comparti-*
mens, lavé, réglé.

130. Conftitutiones Societatis Jefu, cum
earum declarationibus. *Romæ, in Collegio*
ejufdem Societatis, 1583, *in-8.* M. *à*
compartimens.

131. Regulæ Societatis Jefu. *Romæ, in*
Collegio ejufdem Societatis, 1582, *in-12.*
M. R.

132. Litteræ Apoftolicæ Societatis Jefu,
quibus inftitutio, confirmatio, & varia
privilegia continentur. *Romæ, in Colle-*
gio ejufdem Societatis, 1587, *in-8.* M. *à*
compartimens.

133. Societatis Jefu, novum fidei Symbo-
lum in Hifpania Promulgatum. 1636.
= Suppreffio prætenfæ Congregationis
Jefuitiffarum. 1636. = Alphonfi de Vargas, Relatio ad Reges & Principes de
ftratagematis & fophifmatis politicis
Societatis Jefu. 1636, *in-4.* M. B.

134. Teatro Jefuitico ; Apologetico dif-
curfo, con faludables, y feguras dot-
trinas, neceffarias à los Principes, y
feñores de la Tierra, por Francifco de
la Piedad. *En Cuimbra, por Guillermo*
Cendrat, 1654, *in-4.* M. B.

SECTION

SECTION II.

Droit Civil ou Romain.

135. De Nominibus propriis ΤΟΥ ΠΑΝΔΕΚΤΟΥ Florentini, cum Notis Antonii Augustini Archiepiscopi Tarraconensis. *Tarracone, ex officinâ Philippi Mey,* 1579. *in-fol.* M. R.

D

SCIENCES ET ARTS.

SECTION PREMIÈRE.

PHILOSOPHIE.

I.

Ouvrages des Philosophes anciens Grecs & Latins.

136. PLATONIS Opera quæ extant omnia, græcè & latinè, cum interpretatione & notis Joannis Serrani. *Parisiis, Henricus Stephanus, 1578, 3 vol. in-fol.* Ch. Mag. M. R. *lavé, réglé.*

137. Marsilii Ficini, Theologia Platonica de animarum immortalitate. *Florentiæ, per Antonium Miscominum, anno 1482, in-fol.* V. F.

138. Les Mots & Sentences dorées du Maître de Sagesse, Platon; en françois & en latin. *Lyon, Olivier Arnoullet, 1537, in-8.* M. R.

139. Aristotelis opera omnia græcè. *Venetiis, in ædibus Aldi Manutii, 1497, 5 vol. in-fol. veau brun. Editio Primaria.*

D ij

= Theophrasti Eresii, Historia Plantarum, græcè. *Venetiis, in ædibus Aldi,* 1497, *in-fol. veau brun.*

140. Caietani de Thienis Vicentini Philosophi, in IV Aristotelis metheororum libros, Expositio. *Rothomagi, per Petr. Maufer, anno* 1476. = Alberti Magni, de mineralibus libri V. *Rothomagi, per Petrum Maufer, anno* 1476, *in-fol.* M. R.

141. Senecæ utriusque Philosophi & Rhetoris, Opera omnia quæ extant. *Neapoli, Moravus, anno* 1475, *in-fol.* C. M. M. R. *Editio Primaria.*

I I.

Éthique, ou Morale.

Ouvrages des anciens Philosophes qui ont écrit sur la Morale.

142. Epicteti Enchiridion, & Cebetis Tabula, græcè & latinè. *Amstelodami, Henr. & Theod. Boom.* 1670, *in-*24. M. R.

143. Anitii Manlii Severini Boetii Philosophi, Opera omnia. *Basileæ, ex officinâ Henric. Petrinâ,* 1570, *in-fol.* M. R.

Traités généraux de Philosophie Morale.

144. Simonis Portii, de rerum naturalium principiis, libri duo. *Neapoli, Mat. Cancer*, 1553, *in*-4. M. R.

145. Ejusdem Simonis Portii, de mente humanâ Disputatio. *Florentiæ, Laur. Torrentinus*, 1551, *in*-4. M. R.

146. Ejusdem Simonis Portii, Disputatio, an homo bonus vel malus volens fiat. *Florentiæ*, 1551. == Ejusdem de coloribus oculorum liber. *Florentiæ, Laur. Torrentinus*, 1550, *in*-4. M. R.

147. Dialogus Creaturarum optimè moralisatus. *Parisiis, Joan. Parvus*, 1510 == Dionysius Carthusianus de vitâ spirituali sacerdotum, &c. *Parisiis, Joannes Parvus, in*-8. M. cit.

148. Mil quatre-vingt & quatre Demandes, avec les Solutions & Réponses à tous Propos, selon le sage Sidrac. *Paris. Galliot du Pré*, 1531, *in*-8. M. R.

Traités de Philosophie morale, des vertus, des vices & des passions.

149. Tractatus de virtutibus. *Codex Mss.* in membranis cum figuris depictis, *in*-8. M. R.

150. Le Livre intitulé des Bonnes Mœurs. *Mss.* sur vélin avec miniatur. *in-fol.* M. B.

Mélanges de Philosophie morale, où sont contenus les Traités de la tranquillité de l'esprit & de la vie heureuse; comme aussi de la prospérité & de l'adversité, &c.

151. Adriani Carthusiensis, Liber de remediis utriusque fortunæ. *Editio vetus edita circà annum* 1470, *in*-4. M. R.

152. Ejusdem operis, editio altera. *Colonia, per Arnoldum Ther Hoernen, anno* 1471, *in*-4. M. R.

III.

ŒCONOMIE.

Traités généraux Œconomiques.

153. Roderici Episcopi Zamorensis, Speculum vitæ humanæ. *Editio vetus sine loco & anno, sed ante annum* 1470 *excusa, in*-4. M. R.

IV.

POLITIQUE.

Introductions, & Traités généraux de la Politique.

154. Politique tirée des propres Paroles de l'Ecriture-Sainte ; par M. Jacques

Benigne Boſſuet. *Paris, Pierre Cot,*
1709, *in-4. gr. pap.* M. R.

Traités de Politique, concernans les divers
Etats du Royaume, ou de la République;
le Roi, le Prince, la Cour, & les Cour-
tiſans, &c.

155. Hieronymi Oſorii, de Regis inſtitutione & diſciplinâ, libri octo. *Coloniæ,*
in officinâ Birckmannicâ, 1582, *in-8.*
M. R.

156. Des Quatre Vertus néceſſaires à un
Prince, pour bien & heureuſement ré-
gner; par Mareſchal. *In-8.* M. R.

157. Inſtitutione del Principe chriſtiano,
di Mambrino Roſeo. *In Roma,* 1543,
in-4. baz.

158. Le Miroir, & Inſtitution du Prince,
contenant comment les Grands ſe doivent comporter pour leur grandeur, &
pour le ſalut & repos de leurs Sujets,
par Jean Mangin. *Paris, Jean Ruelle,*
1573, *in-16.* M. R.

159. Queſtion Royale & ſa Déciſion, par
Jean du Verger de Hauranne, Abbé de
St. Cyran. *Paris, Touſſ. du Bray,* 1609,
in-8. M. B. *Edition originale, piquée*
de vers.

160. L'Anti-Mariana, ou Réfutation des
Propoſitions de Mariana. *Rouen, Jean*
Petit, 1610, *in-8.* M. R.

161. Confidérations Politiques fur les Coups d'Etat; par Gabriel Naudé. *Rome,* 1639, *in-4. M. R.*

162. Science des Princes, ou Confidé-rations Politiques fur les Coups d'Etat; par Gabriel Naudé. 1673, *in-8. M. R.*

163. Il Libro del Cortegiano, del Conte Baldeffar Caftiglione, revifto per Lod. Dolce. *In Venegia, Gabriel Giolito,* 1556, *in-8. M. R.*

Traités fur le Commerce.

164. L'Alitinonfo di M. Gafparo Scaruffi, Sopra le Monete, per Fare Raggione, e concordanza d'oro e d'argento. *In Reggio, per Hercoliano Bartoli,* 1582, *in-fol. M. R.*

V.

MÉTAPHYSIQUE.

Traités de l'Ame & de fon immortalité; de l'efprit de l'Homme, de fon intelligence, raifon, & autres facultés.

165. Georgii Bernhardi Bilfingeri, Diluci-dationes Philofophicæ de Deo, Animâ, Mundo, & generalibus rerum affectio-nibus. *Tubingæ, Joann. Geor. Cotta,* 1746, *in-4. M. R.*

Traités

Traités des Esprits, & de leurs opérations; & premièrement de la Cabale, de la Magie, des Démons, Sorciers & Enchanteurs, & des Opérations magiques & surnaturelles.

166. Artis Cabalisticæ; hoc est reconditæ Theologiæ & Philosophiæ, Scriptores. Ex Bibliothecâ Joannis Pistorii. *Basilea, per Sebastianum Henricpetri, anno* 1587, *in-fol.* M. B.

167. Joannis Reuchlin, de Arte Cabalisticâ Libri tres, Leoni X dicati. *Tubingæ, Thom. Anshelmus Badensis,* 1514, *in-fol.* M. R.

168. Enchiridion Leonis Papæ, ou Manuel de Prières, contenant diverses Oraisons mystérieuses de Léon Pape, & plusieurs autres Oraisons contre les périls du monde. *Lyon,* 1584, *in-*24. M. B.

169. Trinum magicum, sive secretorum magicorum Opus, Editum à Cæsare Longino. *Francofurti, Ant. Hummius,* 1616, *in-*12. M. R.

170. Jani Jacobi Boissardi, de divinatione & magicis præstigiis Tractatus. *Oppenheimii, Hieronymus Galerus, in-folio,* M. R.

171. Emanuelis do Valle de Moura, Opusculum de incantationibus seu ensalmis. *Ebora, Crasbeeck,* 1620, *in-fol* M. R.

E

172. Les Devins, ou Commentaire des principales sortes de divinations; par Gaspard Peucer. *Anvers, Connix,* 1584, *in-4. M. V.*

173. Magica de spectris & apparitionibus spirituum. *Lugd. Bat. Franc. Hackius,* 1656, *in-12. M. cit.*

174. Lud. Lavateri, de spectris & lemuribus, Liber. *Gorichemi, Paulus Vink,* 1683, *in-12. M. cit.*

175. Discours & Histoires des spectres, visions & apparitions des esprits, anges, démons, & ames, se montrans visibles aux hommes; par Pierre le Loyer. *Paris, Buon,* 1605, *in-4. M. B.*

176. De la Demonomanie des Sorciers; par Jean Bodin. *Paris, Jacques du Puys,* 1580, *in-4. M. R.*

177. Tableau de l'inconstance des mauvais Anges & Démons, où il est amplement traité de la sorcelerie & sorciers; par P. de Lancre. *Paris, Jean Berjon,* 1612, *in-4. M. B.*

178. Des Satyres, Brutes, Monstres & Démons; de leur nature & adoration, contre l'opinion de ceux qui ont estimé les Satyres être une espèce d'Hommes distincts & séparés des Adamicques; par F. Hedelin. *Paris, Nicolas Buon,* 1637, *in 8. M. B.*

179. Histoire des Diables de Loudun, ou de la Possession des Religieuses Urselines,

& de la condamnation & du supplice
d'Urbain Grandier, Curé de la même
Ville. *Amfterdam, Abraham Wolfgang,*
1693, *in*-12. *M. viol.*

SECTION II.

PHYSIQUE.

I.

*Introductions, Cours & Traités généraux
de Phyfique, &c.*

180. Hieronymi Cardani, de fubtilitate
libri XXI. *Bafileæ, Sebaftianus Henric.
Petri,* 1582, *in-fol. M. cit.* 3

181. Reduction de las Letras, y Arte para
enfeñar a ablar los Mudos; por Juan
Pablo Bonet. *En Madrid, Francifco
Abarca de Angulo,* 1620, *in*-4. *M. R.*

SECTION III.

I.

Hiftoire Naturelle générale univerfelle.

182. Caii Plinii Secundi, Naturalis Hiftoriæ libri XXXVII. *Venetiis, per Nicolaum Jenfon Gallicum, anno* 1472,
in-fol. non relié.

183. Historia Naturale di Caio Plinio Secondo, traducta di lingua latina in fiorentina, per Christophoro Landino. *Venetiis, per Nicolaum Jenson, anno 1476, in-fol.* Ch. M. M. R.

I I.

Histoire Naturelle des Élémens.

184. El Monte Vesuvio, aora la montana de soma; por Don Juan de Quiñones. *En Madrid, por Juan Gonçalez, 1632, in-4.* M. R.

Histoire Naturelle des métaux, minéraux, fossiles, pétrifications, pierres, &c.

185. La Restitution de Pluton, traitant des Mines & Minières de France, par le moyen desquelles les Finances de Sa Majesté, seront beaucoup plus grandes que celles de tous les Princes Chrétiens; par Martine de Bertereau, Dame & Barone de Beau-Soleil. *Paris, Hervé du Mesnil, 1640, in-8.* M. R.

186. Joan. Reiskii, Commentatio Physica de Glossopetris Luneburgensibus. *Norimbergæ, Joan. Ziegerus, 1687, in-8.* M. R.

III.

Histoire Naturelle, Agriculture & Botanique.

187. Barth. Anglici, Opus de proprietatibus rerum. *Codex MJJ. in membranis, in-fol.* M. B.

188. Phytantoza Iconographia, five confpectus aliquot millium plantarum, arborum, fruticum, &c. à Joanne Weinmanno collectarum; vivis coloribus reprefent. per Barth. Seuterum, & explicat. à Joan. Georg. Dieterico. *Ratifbonæ,* 1737, 4 vol. *in-fol. Ch. Magn.* M. R.

189. Fabii Columnæ Lyncei, Φυτοβάσανος, five plantarum aliquot Hiftoria. *Neapoli, apud Jacobum Carlinum, & Ant. Pacem,* 1592, *in-4.* M. R.

190. Ejufdem Fabii Columnæ Lyncei, minùs cognitarum Rariorumque ftirpium Ἔκφρασις. *Romæ, Mafcardus,* 1616. ═Ejufdem Tractatus de Purpurâ. *Romæ, Mafcardus,* 1616, 3 *tomes en* 1 *vol. in-4.* M. R.

191. Ejufdem Fabii Columnæ Lyncei, Opufculum de Purpurâ. *Kiliæ, Joach. Reumannus,* 1675, *in-4.* M. B.

192. Bafilii Befleri, Hortus Eyftettenfis; five Accurata Delineatio plantarum,

quæ in viridariis Arcem Epiſcopalem
ibidem cingentibus, hoc tempore conſ-
piciuntur. *Norimbergæ*, 1613, 2 *vol.
in-fol. C. Max. V. B.*

I V.

Hiſtoire Naturelle des monſtres, prodiges, &c.

193. Conradi Lycoſthenis, Prodigiorum ac
Oſtentorum Chronicon. *Baſileæ, per
Henricum Petri*, 1557, *in fol. M. cit.*

194. Les Merveilles du Monde, ou le
Secret de l'Hiſtoire Naturelle, traitant
des choſes monſtrueuſes, qui ſont trou-
vées en nature humaine, &c. *Lyon, Oli-
rier Arnoullet*, 1529, *in-4. M. R.*

195. Les occultes Merveilles & Secrets de
nature ; par Levin Lemne. *Orléans,
Pierre Trepperel*, 1568, *in-8. M. R.*

SECTION I V.

MÉDECINE & ANATOMIE.

196. Matthæi Sylvatici, Medici de Sa-
lerno, Liber cibalis & medecinalis. *Neapoli, anno* 1474, *in-fol. M. R.*

197. Severini Pinæi, Opuſculum de Vir-
ginitatis notis, gravitate & partu. *Lug-*

duni, *Batavorum Franc. Moiaert*, 1650,
in-12. M. B.

198. Diez Privilegios para Mugeres Pre-
nadas, compueſtos, por el Doctor Juan
Alonzo de Fontecha. *En Alcala de*
Henares Luys Martynez, 1606, *in-4.*
M. V.

199. De la Maladie d'Amour, ou Mélan-
cholie érotique ; par Jacques Ferrand.
Paris, *Denis Moreau*, 1623 *in-8.*
M. B.

200. Joan. Bapt. Platinæ, Libellus, de ho-
neſtâ voluptate ac valitudine. *Bononiæ*,
per Joannem Ant. Platonidem, 1499,
in-4. M. R.

201. Godofridi Bidloo, Medecinæ Doctoris & Chirurgi, Anatomia corporis
humani, CV tabulis æneis per Gerardum
de Laireſſe, ad vivum delineatis, De-
monſtrata. *Amſtelodami*, *Vidua Joan. à*
Someren, 1685, *in-fol. Ch. Mag. impe-*
riali, broché en carton.

SECTION V.

MATHÉMATIQUE.

202. Déclaration de l'uſage du Grapho-
mètre ; par Philippe Danfrie. *Paris*,
1597, *in-4. M. R.*

Aſtrologie.

203. Les vraies Centuries & Prophéties de Michel Noſtradamus. *Amſterd. Jean Janſſon à Waesberge*, 1668, *in-*12. *M. B.*

204. Les Contredicts du Seigneur du Pavillon lez Lorris, aux faulſes & abuſives Prophéties de Noſtradamus, & autres Aſtrologues. *Paris, Charles l'Angelier*, 1560, *in-*8. *M. B.*

Hydraulique & Méchanique.

205. Elévation des Eaux par toutes ſortes de Machines, réduite à la meſure, au poids & à la balance; par le Chevalier Morland. *Mſſ. ſur papier, in-*4. *M. R.*

206. Le diverſe & artificioſe Machine, del Capitano Agoſtino Ramelli. *A Parigi*, 1588, *in-fol. M. B.*

SECTION VI.

A R T S.

Architecture.

207. Les dix Livres d'Architecture de Vitruve, traduits en françois, avec des Notes; par Charles Perrault. *Paris, Coignard*, 1684, *in-fol. V. B.*

Art

Art Militaire.

208. Roberti Valturii, de re Militari, libri XII. *Veronæ, per Joan. Nicolai Cyrurgie, Medici Filium, anno* 1472, *in-fol.* M. R. *Editio Primaria.*

Art Gymnastique, où il est traité du manie-ment des armes, des chevaux, de la lutte, de la chasse, &c.

209. Arte dell' armi di Achille Marozzo. *In Venetia, ant. Pinargenti,* 1568, *in-4.* M. R.

210. Méthode & Invention nouvelle de dresser les Chevaux ; par Guillaume de Newcastle ; Comte de Cavendish : ou-vrage décoré de très-belles Figures gra-vées en taille-douce. *Anvers, Van Meurs,* 1658, *in-fol.* M. cit. lavé, réglé.

211. Le Livre du Roi Modus & de la Reine Racio, lequel fait mention com-ment on doit deviser de toutes manières de Chasses. *Chambery, Ant. Neyret,* 1486, *in-fol.* M. R.

212. Le Miroir de Phébus, des déduits de la Chasse aux Bestes sauvaiges & des Oiseaux de proie. *Paris, Philippe le Noir, in-4.* M. cit.

213. Traité sur la Chasse du Cerf & du

Vol. *Mſſ. ſur velin avec miniatures, in-
fol.* M. R.

214. Traité ſur les différentes eſpèces de
Chaſſes du Cerf, du Daim, &c. *Mſſ.*
ſur velin avec miniatures, in fol. M. R.

*Traités des Jeux d'exercice ; du ſaut,
de la danſe,* &c.

215. Trois Dialogues de l'Exercice de
ſauter & de voltiger en l'air ; par Ar-
change Tuccaro. *Paris, Claude de Monſ-
tr'œil,* 1599, *in*-4. M. R.

216. Orchéſographie, & Traité en forme
de Dialogue, par lequel toutes perſonnes
peuvent facilement apprendre l'honeſte
Exercice de danſe, comme auſſi de jouer
fifre & Arigot, battre Tambour, &c.
par Thoinot Arbeau. *Langres, Jean des
Preyz,* 1589, *in*-4. M. R.

217. Le Paſſe-temps de la fortune des
Dez ; par Laurent l'Eſprit. *Lyon, Benoiſt
Rigaud,* 1583, *in*-4. M. R.

BELLES-LETTRES.

SECTION PREMIÈRE.

Grammaires & Dictionnaires de différentes Langues.

217*. GUILLELMI Postelli, Linguarum duodecim caracteribus differentium Alphabetum. *Parisiis, Dionysius Lescuyer,* 1538, *in-8. M. B.*

218. Ejusdem Guillelmi Postelli, Grammatica Arabica. *Parisiis, Petrus Gromorsus, in-4. V. F.*

219. Marci Musuri, Etymologicon magnum, græcè. *Venetiis, per Zachariam Calliergi,* anno 1499, *in-fol. C. M. M. R. Editio Primaria.*

220. Suidæ Lexicon, græcè. *Mediolani, impensis Demetrii Chalcondylæ,* anno 1499, *in-fol. M. R. Editio Primaria.*

221. La Méthode des Princes, pour apprendre la langue latine ; dédiée à M. le Duc de Bourgogne. *Mss. sur velin, avec des ornemens peints en or & en couleur, in-4. M. R.*

222. Fr. Joannis de Janua, fumma quæ vocatur Catholicon. *Moguntiæ*, anno 1460, 2 *vol. in-fol.* M. R. *Exemplar elegans.*

SECTION II.

RHÉTORIQUE.

Rhéteurs & Orateurs Grecs.

223. Orationes Rhetorum, Æfchinis, Lyfiæ, Alcidamantis, Antifthenis, Demadis, Andocidis, &c. græcè. *Venetiis, apud Aldum & Andræam Socerum*, 1513, *in-fol.* M. V.

224. Ifocratis Orationes, græcè. *Venetiis, in ædibus Hæredum Aldi Manutii, & Andreæ Afulani*, 1534. = Georgii Gemifti, qui & Pletho dicitur, ex Diodori, & Plutarchi hiftoriis, de iis, quæ poft pugnam ad Mantineam gefta funt, per capita Tractatio. Enarratiunculæ antiquæ in totum Thucididem, fine quibus Auctor intellectu eft quàm difficillimus. *Venetiis, in Aldi Neacademiâ*, 1503, *in-fol.* M. R.

225. Demofthenis Orationes duæ & fexaginta. Libanii Sophiftæ, in eas ipfas, Argumenta. Vita Demofthenis per Libanium. Ejufdem Vita per Plutarchum,

græcè. *Venetiis, Aldus,* 1504, *in-fol.*
M. R. *Editio Primaria.*

*Rhéteurs & Orateurs Latins, anciens
& modernes.*

226. Marci Tullii Ciceronis Opera omnia,
cum caftigationibus Petri Victorii. *Ve-*
netiis, in officinâ Lucæ Antonii Juntæ,
1537, 4 *vol. in-fol.* M. R.

227. Ejufdem Marci Tullii Ciceronis Opera omnia. *Lugd. Batav. ex officinâ Elze-*
virianâ, 1541, 10 *vol. in-*12. Ch. Mag.
velin.

228. Ejufdem Marci Tullii Ciceronis Rhe-
toricorum Libri. *Romæ, per Vuendel-*
linum de Vuila, anno 1474, *in-fol.* M. R.
lavé, réglé.

229. Ejufdem Ciceronis Orationes. *Vene-*
tiis, per Criftophorum Valdarfer, anno
1471, *in-fol.* M. violet.

230. Afconii Pediani, Antonii Lufchi,
Georgii Trabefuntii, Xichonis Polen-
tini, Commentarii fuper Orationibus
Ciceronis. *Impreff. abfque loco & anno,*
in-fol. M. B.

231. Le Epiftole famigliari di Cicerone.
In Venegia, in cafa de Figlivoli di Aldo,
1545, *in-*8. M. B.

232. Ejufdem Marci Tullii Ciceronis,
Epiftolæ ad Brutum, quintum Fratrem,
& ad Atticum. *Romæ, Eucharius Silber*

Alias Franck, anno 1490, in-fol. M. B.

233. Ejusdem Marci Tullii Ciceronis, de finibus bonorum & malorum, libri V. *Editio vetus sine loco & anno, sed Moguntiæ, apud Petrum Schoyffer, circà annum* 1470 *excusa, in-4.* M. R.

234. M. Fabii Quintiliani, Institutiones Oratoriæ, cum Commentariis Raphaelis Regii. *Venetiis, per Bonetum Locatellum, anno* M. CCCC. LXCIII. == Ejusdem Declamationes. *Venetiis, per Lucam Venetum, anno* 1482, *in-fol.* M. B.

235. Earumdem Institutionum, altera editio, cum Notis Claudii Capperonerii. *Parisiis, Coustelier,* 1725, *in-fol. Ch. Mag.* M. R.

236. Caii Plinii Secundi, Panegyricus Trajano dictus, ex recensione Marci Zuerii Boxhornii. *Lugd. Batavor. Isaac Commelin,* 1632, *in-16.* M. B.

237. Pii Papæ Secundi, (Æneæ Sylvii Piccolomini), Oratio contra Turcos. *Editio vetus, sine loco & anno sed circà, annum* 1470 *excusa, in-4.* M. R.

Editio anni 1464 moguntiæ == oratio hæc typis certe mandata fuit dum vivebat Pontifex iste; & dum aeriter urgebat Turcica invasionis periculum

SECTION III.

POÉTIQUE.

I.

Introduction à la Poésie, &c.

238. Poetica d'Aristotele, vulgarizzata & sposta, per Lodovico Castelvetro. *Stampata, in Basilea ad Instanza di Pietro de Sedabonis*, 1576, *in-4. M. R.* `12*1`

239. Danielis Heinsii, de Tragœdiæ constitutione liber. *Lugd. Batav. ex officinâ Elzevirianâ*, 1643, *in-12. V. marbré.* `3*1`

I I.

Poëtes anciens Grecs.

X 240. Planudis (Maximi) Rhetoris Constant. Anthologia Epigrammatum Græcorum, græcè, ex editione Joan. Lascaris Rhyndaceni. *Florentiæ, per Laurentium Franc. de Alopa, anno* 1494, *in-4. V. M. Editio Primaria.* `108*1`

X 241. Homeri Ilias & Odyssæa, Batrachomyomachia & Hymni, græcè, edente Demetrio Chalcondyla, &c. *Florentiæ, anno* 1488, 2 *vol. in-fol. M. R. Editio Primaria.* `280*19` *Molini* *D'angleterre*

242. Eufthatii Archiepifcopi Theffaloni-
cenfis, Commentarii in Homerum, græcè. *Romæ, apud Ant. Bladum,* 1550,
4 tomes en 3 vol. in-fol. M. R.

243. Homeri Ilias, in verfus græcos vul-
gares tranflata à Nicolao Lucano, cum
figuris. *In Venetia, per Nicolo de Sabio,*
1526, *in-4.* M. R.

244. L'Iliade d'Homère, traduite en françois, *fur la copie imprimée à Paris,*
1713, *4 vol in-12.* M. B. *fig.*

245. L'Odyffée d'Homere, traduite du
grec en françois par Claude Boitel. *Paris,*
Nicolas & Jean de la Cofte, 1638, *in-8.*
M. R.

246. Homer's Iliads, and Odyffes tranfla-
ted, Adorned with Sculpture, and Il-
luftrated with Annotations, By John
Ogilby. *London, Flesher,* 1669, *2 vol.*
in-fol. M. R.

247. Apollonii Rhodii Argonauticon, libri IV, græcè cum Scholis græcis. *Flo-*
rentiæ, anno 1496, *in-4.* V. B. *Editio*
Primaria.

248. Æfchyli, Tragœdiæ græcè. *Parifiis,*
Typis Regiis, ex officinâ Adriani Tur-
nebi, 1552, *in-8.* M. R.

249. Callymachi Hymni, Epigrammata &
Fragmenta, græcè & latinè, ex recen-
fione Ezechielis Spanhemii. *Ultrajecti,*
Franc. Halma, 1697, *2 vol. in-8.* C. M.
M. R.

250. Ariftophanis Comœdiæ IX, græcè, cum fcholiis græcis, edente Marco Mu-furo. *Venetiis, Aldus, 1498, in-fol. V. B. Editio Primaria.*

251. Pindari Opera, græcè. *Glafgua, Rob. & And. Foulis, 1757, 3 vol. in-24.* M. R.

I I I.

Poëtes Latins anciens.

252. Marci Accii Plauti Comœdiæ. *Venetiis, apud Joan. de Colonia, & Vinde-linum de Spira, anno 1472, in-fol. V. F. Folium primum textus calamo eft reftitutum. Editio Primaria.*

253. Ejufdem Marci Accii Plauti Comœdiæ, cum Intepretatione Petri Vallæ & Bernardi Saraceni. *Venetiis, per Simonem Papienfem dictum Bevilaquam, anno 1499, in-fol.* M. R.

254. Publii Terentii Comœdiæ, cum Interpretatione Ælii Donati Grammatici. *Venetiis, per Nicolaum Girardengum, anno 1479, in-fol.* M. R.

255. Earumdem Terentii Comœdiarum, editio altera, ex recentione Marci Ant. Mureti. *Antverpiæ, Chriftoph. Plantin, 1565, in-8.* M. R.

256. Earumdem editio altera, figuris æneis illuftrata. *Londini, Pet. Knapton & G.*

Sandby, 1751, 2 *vol. in-8. Ch. Mag. v. écaille.*

257. Il Terentio latino, Commentato in lingua Toscana, da Giovanni Fabrini. *In Venetia, Gli Heredi di Seſſa*, 1580, *in-4. V. F.*

258. Di Tito Lucrezio Caro, della natura delle coſe Libri ſei, tradotti dal latino in italiano, da Aleſſandro Marchetti. *In Amſterdamo*, 1754, 2 *vol. in-8. M. R.*

259. Tibullus, Valerius Catullus, & Propertius, cum Commentariis Bernardi Veronenſis, Ant. Parthenii Veronenſis & Philip. Beroaldi. *Venetiis, per Simonem Bevilaquam, anno* 1493, *in-fol. M. R.*

260. Eorumdem Catulli, Tibulli & Propertii Operum editio altera, curis Stephan. Andreæ Philippe. *Lutetiæ Pariſiorum, Ant. Urb. Couſtelier*, 1743, 3 *vol. in-12. M. B. Exemplar impreſſum in membranis.*

261. Publii Virgilii Maronis Opera. Codex manuſcriptus in membranis, anno 1418, †exaratus, *in-8. M. R.*

262. Eadem Virgilii Maronis Opera, per Joan. Ogilvium edita, & figuris æneis elegantiſſimis illuſtrata. *Londini, Roycroft*, 1663, *in-fol. Ch. Mag. M. R.*

263. Eadem Virgilii Maronis Opera, edente Nicolao Heinſio. *Amſtelodami,*

ex officinâ Elzevirianâ, 1676, *in*-12.
M. B. *Ch. Mag.*

264. Antiquissimi Virgiliani Codicis Fragmenta & Picturæ, ex Bibliothecâ Vaticanâ, ad priscas imaginum formas, à Petro Sancte Bartholi incisæ. *Romæ*, 1741, *in-fol. V. B.*

265. Publii Virgilii Maronis Codex antiquissimus, qui nunc Florentiæ adservatur, bono publico Typis descriptus, edente Pet. Franc. Fogginio. *Florentiæ*, 1741, *in·4. Ch. Mag.* M. B.

266. Eorumdem Virgilii Maronis Operum, editio altera, figuris æneis illustrata. *Londini*, *P. Knapton & Guil. Sandby*, 1750, 2 *vol. in-8. Ch. Mag. V. écaille.*

267. The Works of Publius Virgilius Maro Translated, Adorned with Sculpture, and Illustrated with Annotations, By John Ogilby. *London, Thomas Roycroft*, 1668, *in-fol.* M. R. *lavé, réglé.*

268. L'Eneide di Virgilio, del Commendatore Annibal Caro. *In Venetia, Bernardo Giunti, & Fratelli*, 1581, *in-4.* M. B.

269. Quinti Horatii Flacci Opera, cum commentariis Christophori Landini. *Venetiis, per Joan. de Forlivio & Socios*, anno, 1483, *in-fol.* M. R.

270. Eadem Horatii Flacci Opera. *Parisiis*,

12 "16 è *Typographiâ Regiâ*, 1733, *in-32. Ch. Mag. M. Viol.*

271. Eadem Horatii Flacci Opera. *Londini, æneis tabulis incidit Joannes Pine, 1733, 2 vol. in 8. M. à compartimens, lavé, réglé.*

272. Eadem Horatii Flacci Opera, figuris æneis illustrata. *Londini, Guil. Sandby, 1749, 2 vol. in-8. Ch. Mag. V. écaille.*

273. Ovide, de Arte amandi, translaté de latin en françois. *Paris, Jean Longis, in-4. M. R.*

274. Le Grand Olympe des Histoires Poëtiques du Prince de Poësie, Ovide Naso, en sa Métamorphose. *Paris, Pierre Sergent, 1537, 3 vol. in-8. M. R.*

275. Métamorphoses d'Ovide en Rondeaux, par Benserade; & décorées de figures gravées en taille-douce, *suivant la copie, à Paris, 1697, 2 vol. in-8. gr. pap. M. V.*

276. Les mêmes Métamorphoses d'Ovide, en latin & en françois, de la Traduction de l'Abbé Banier, & enrichies de figures de B. Picart. *Amsterdam, Wetstein, 1732, 2 tomes en 1 vol. in-fol. M. B.*

277. Phædri Augusti Liberti Fabularum Æsopiarum Libri V. figuris æneis elegantissimis illustrati, cum notis Davidis Hoogstratani, ad usum S. Principis Nas-

savii. *Amstelodami, Fran. Halma,* 1701, in-4. *Ch. Mag.* M. B.

278. Silii Italici Opera, cum Commentariis Petri Marsi. *Venetiis, per Baptistam de Tortis, anno* 1483, *in-fol.* M. R.

279. Caii Valerii Flacci Argonautica. *Venetiis, in ædibus Aldi & Andreæ Asulani Soceri,* 1523, *in-8.* M. R.

280. Val. Martialis Epigrammata, cum commentariis Domitii Calderini. *Romæ, per Joan. Gensberg, anno* 1474, *in-fol.* M. R.

281. Decii Junii Juvenalis, & Auli Flacci Persii Satiræ. *Editio vetus, absque loco & anno, in-fol.* M. R.

282. Earumdem Juvenalis Satirarum Editio altera, cum Commentariis Domitii Calderini. *Romæ,* 1474, *in-fol.* M. B.

283. Auli Persii Satiræ, cum Commentariis Bartholomæi Fontii. *Editio vetus, absque notâ urbis & anni, in-fol.* M. R.

Poëtes Latins modernes.

284. Varia Doctorum Piorumque Virorum, de corrupto Ecclesiæ statu, Poëmata; cum præfatione Matthiæ Flacci Illyrici. *Basileæ, per Ludovicum Lucium, in-8.* M. B.

285. Pii, Graves, atque Elegantes Poëtæ,

ad piæ Juventutis & Scholarum utilitatem conjuncti. *Basileæ, per Joan. Oporinum, in-8.* M. R.

286. Poëtæ tres elegantissimi, Michael Marulus, Hieronym. Angerianus, Joan. Secundus, emendati, & aucti. *Parisiis, Dionysius Duvallius,* 1582, *in-16.* M. R.

287. Trium Poëtarum, Porcelii, Basinii, & Trebani Opuscula. *Parisiis, Simon Colinæus,* 1539, *in-8.* M. B.

288. Strozzi Patris & Filii, Opera Poëtica. *Venetiis, in ædibus Aldi & Andreæ Asulani Soceri,* 1513, *in-8.* M. R.

289. Marci Hieronymi Vidæ Poëmata omnia. *Cremonæ, in ædibus Divæ Margaritæ,* 1550, 2 *tomes en* 1 *vol. in-8.* M. B.

290. Salmonii Macrini Hymnorum Selectorum Libri tres. *Parisiis, Robertus Stephanus,* 1540, *in-8.* M. B.

291. Archithrenii Poëmatum Libri novem. *Parisiis, Jodocus Badius,* 1517, *in-4.* M. Violet.

292. Sebast. Brandt Navis stultifera mortalium. *Parisiis, Jodocus Badius, in-4.* M. R.

293. Petri de Blarrorivo Nanceidos Opus, sive de bello Nanceiano. *In Pago Divi Nicolai de Portu, per Petrum Jacobi, anno* 1518, *in-fol.* M. R. *lavé, réglé.*

294. Le Marchant converti, Tragédie

excellente, en laquelle la vraie & fausse Religion, au parangon l'une de l'autre, sont au vif représentées. *Genève, Jean Durant,* 1565, *in*-16. M. R.

Poëtes Macaroniques.

295. Merlini Cocaii, (Theophili Folengi) Poetæ Mantuani, Opus Macaronicorum, totum in pristinam formam, per Magistrum Acquarium Lodolam redactum. *Tusculani, apud Lacum Benacensem, anno* 1521, *in*-12. *fig.* M. B.

296. Eorumdem Macaronicorum Editio altera. *Venetiis, Joan. Variscus,* 1561, *in*-8. M. B.

297. Histoire Macaronique de Merlin Coccaie, avec l'horrible Bataille des Mouches & des Fourmis; traduite en françois. *Paris, Pierre Pautonnier,* 1606, *in*-12. M. B.

298. Antonius de Arena, Provençalis, de Bragardissima Villa de Soleriis, ad suos Compagnones studiantes, Novellos quàmplurimos mandat. *Editio integra anni* 1670, *in*-12. M. B.

299. Magistri Stopini Capriccia Macaronica. *Venetiis,* 1670, *in*-16. M. R.

V.

Poëſie Françoiſe ancienne & moderne.

Collections & Extraits des Poëtes françois.

300. Le Jardin de Plaiſance & Fleur de Rhétorique, contenant pluſieurs Traités en ryme françoiſe. *Lyon, Boullon, in-4.* M. B.

301. Recueil de Poëſies françoiſes. *Mſſ. ſur vélin, in-8. M. Cit.*

302. L'Antiquité du Triomphe de Béziers au jour de l'Aſcenſion, contenant dif-férentes Pièces de Vers recueillies par Jean Martel. *Béziers, Jean Martel, 1628, in-12. M. B.*

303. Trois cent cinquante Rondeaux ſin-guliers & à tous propos, mis en ryme françoiſe. *Paris, Alain Loctrian, in-8.* M. R.

304. Nouveau Recueil de divers Ron-deaux. *Paris, Auguſtin Courbé, 1650, 2 vol. in-12. M. R.*

Poëtes François , depuis l'origine de la Poëſie françoiſe juſqu'à préſent.

305. Le Roman de la Roſe, où tout l'art d'amour eſt encloſe ; par Guill. de Loris

&

& Jean de Meung dit Clopinel. M*ss.*
sur velin avec miniatures, in-fol. V. B.

306. Le même Roman de la Rose, sans
lieu d'impression ni date d'année. In fol.
M. R.

307. Le même Roman de la Rose. *Paris,*
Galliot Dupré, 1529, 2 vol in-8. M. B.
(*lettres rondes*).

308. Le Champion des Dames, contenant
la Défense des Dames contre Malle-
bouche & ses Consorts ; par Martin
Franc. *Paris, Galliot Dupré, 1530, in-8.*
M. R. *lettres rondes.*

309. Le Roman des trois Pélerinages ; le
premier est de l'Homme durant qu'est en
vie, le *second* de l'Ame séparée du Corps,
le *troisième* est de notre Seigneur Jesus ;
par Guil. de Guileville. *In-4. M. R. den-*
telle.

310. Le Chevalier aux Dames, en ryme
françoise. *In-4. M. R.*

311. Dialogues satyriques d'Allain Chartier, pour corriger les mœurs des François. *Mss. sur velin avec miniatures, in-4.*
M. B.

312. Les Œuvres de Maître Allain Chartier. *Paris, Galliot Dupré, 1529, 2 vol.*
in-8. M. Cit. lettres rondes.

313. Les Œuvres de Maître Guillaume
Coquillart, Official de Rheims. *Paris,*
Ant. Bonnemere, 1532, in-8. M. R.

314. Maître Pierre Pathelin, de nouveau

H

revû, & mis en son naturel. *Rouen,
Nicolas Lescuyer, 1581, in-16. M. R.*

315. Les Œuvres de Franç. Villon, revûes
par Clément Marot. *Paris, Denis le
Long, in-16. M. B.*

316. Les mêmes Œuvres de Maître Franç.
Villon. *Paris, Galliot Dupré, 1532,
in-8. M. R.*

317. Les Lunettes des Princes, ensemble
plusieurs Additions & Ballades; par Jean
Meschinot. *Paris, Galliot Dupré, 1528,
in-8. M. B.*

318. Le Livre de la Déablerie, composé
en ryme françoise & par Personnaiges,
auquel sont traitées plusieurs plaisantes
& récréatives Matières touchant la ma-
nière de vivre dechacun état; par Eloy
d'Amerval. *Paris, Michel le Noir,
1508, in-fol. M. R.*

319. Le Passe-temps de tout Homme & de
toute Femme, en ryme françoise. *Paris,
Jean Saint-Denis, in-8. M. R.*

320. Les folles Entreprises; par Pierre
Gringore. *Paris, Pierre le Dru, in-8.
M. R. Exemplaire imprimé sur velin.*

321. Les Contredits de Songecreux, contenant plusieurs abus en chacun état de
ce monde; par Pierre Gringore. *Paris,
Galliot Dupré, 1530, in-8. M. B.*

322. Chants Royaux, sur les Mystères
miraculeux de notre Sauveur Jésus-
Christ; par Pierre Gringore dict Vau-

demont. *Paris, Jehan Petit, 1527, in-4.*
M. R. Exemplaire imprimé fur velin.

323. Heures de Notre-Dame, traduites de latin en françois, & mifes en ryme ; par Pierre Gringore. *Paris, Jean Petit, 1527, in-4. M. R.*

324. Château de Labour, auquel eft contenû l'adreffe de Richeffe & chemin de Pauvreté; par Octavien de Saint-Gelais. *Paris, Galliot Dupré, 1532, in-16.* M. R.

325. Les Faits & Dits de feu de bonne mémoire Maître Jean Molinet, contenant plufieurs beaux Traités & Oraifons. *Paris, Jean Longis, 1531, in-fol.* M. B.

326. Chants Royaux, Oraifons, & autres petits Traités compofés par Maître Guill. Cretin. *Paris, Galliot Dupré, 1527, in-8. M. R.*

327. Le Doctrinal du Temps, qui les nouveaux Ecoliers endoctrine, compofé en ryme françoife par Maître Pierre Michault, dans l'année 1466. *Edition très-ancienne, fans indication de Ville ni d'Imprimeur, & fans date, petit infol. gothique,* M. *à compartimens. Voyez Bibliographie inftructive,* N°. 3067.

328. Les Epîtres Vénériennes de l'Efclave fortuné privé de la Cour d'Amour. *Paris, Denis Janot, in-8.* M. R.

329. Le Jugement Poëtique de l'honneur

Féminin, & séjour des claires & honnestes Dames; par Jean Bouchet. *Poitiers, Jean & Engilbert de Marnef, 1538, in-4. M. B.*

330. Le Labyrinthe de fortune, séjour des trois nobles Dames; par Jean Bouchet. *Poitiers, Jacques Bouchet, 1524, in-4. M. B.*

331. Les Triomphes de la noble & amoureuse Dame, & l'Art de honnestement aimer; par Jean Bouchet. *Paris, Pierre Hermier, 1537, in-8. M. R.*

332. Les Regnards traversans les périlleuses voyes des folles fiances du monde; par Sébastien Brandt, ou Jean Bouchet. *Paris, Denys Janot, 1530, in-4. V. F.*

333. La Déploration de l'Eglise Militante sur ses persécutions intériores & extériores; par le Traverseur des voyes périlleuses, (Jean Bouchet). *Paris, Guill. Eustace, 1512, in-8. M. cit. Exemplaire imprimé sur velin.*

334. Marguerites de la Marguerite des Princesses, très-illustre Reine de Navarre. *Lyon, Jean de Tournes, 1547, 2 vol. in-8. M. B.*

335. Les Œuvres poëtiques d'Amadis Jamyn. *Paris, Mamert Patisson, 1579, in-12. M. B.*

336. Œuvres en rime de Jan-Antoine de Baïf. *Paris, Lucas Breyer, 1573, in-8. M. R.*

337. Les Amours du même Jan-Antoine de Baif. *Paris, Lucas Breyer,* 1572, *in-8.* M. R.

338. Les Jeux du même Jan-Antoine de Baif. *Paris, Lucas Breyer,* 1573, *in-8.* M. R.

339. Les Paſſe-temps du même Jan-Ant. de Baif. *Paris, Lucas Breyer,* 1573, *in-8.* M. R.

340. L'Eſperon de Diſcipline, pour inciter les Humains aux Bonnes-Lettres, en ryme françoiſe ; par Antoine du Paix. *In-4.* M. R.

341. Les Odes d'Olivier de Magny. *Paris, André Wechel,* 1539, *in-8.* M. R.

342. Les Epithetes de M. de la Porte. *Paris, Gabriel Buon,* 1571, *in-8.* M. R.

343. Les Œuvres de Jean de la Peruſe. *Lyon, Benoiſt Rigaud,* 1577, *in-8.* M. R.

344. Pieces héroïques, & diverſes Poëſies de Ceſar de Notre-Dame, Provençal. *Toloſe, par la veuve de Jacques Colomiez,* 1608, *in-12.* M. R.

345. Les Métamorphoſes Françoiſes, en rime, recueillies par Regnault. *Paris, Antoine de Sommaville,* 1641, *in-16.* M. B.

346. Saint-Paul, Poëme ; par M. Ant. Godeau, Evêque de Vence. *Paris, Pierre le Petit,* 1654, *in-8.* M. R.

347. L'Allée de la Seringue ou les Noyers, Poëme héroïque. 1677, *in-8. M. cit.*

348. Œuvres de Nicolas Boileau Des-preaux, avec des Eclaircissemens histo-riques donnés par lui-même, nouvelle édition, enrichie de figures gravées par Bernard Picart. *Amsterdam, David Mortier,* 1718, 2 *vol. in-fol.* M. R.

349. Œuvres diverses de Jean-Baptiste Rousseau. *Londres, Jacob Tonson,* 1723, 2 *vol. in-4. gr. pap. lav. réglé,* M. R.

V I.

Poësie françoise Dramatique.

Anciens Mysteres, &c.

350. Le Mystere du vieux Testament, en ryme françoise & par Personnages. *Paris, Colinet,* 1542, *in-fol.* M. R.

351. Le Mystere de la Passion de Jesus-Christ, mis en ryme françoise & par Personnages; par Jean Michel. *Paris, Antoine Verard,* 1499, *in-fol.* M. R. dentelle.

352. Le même Mystere de la Passion de notre Seigneur Jesus-Christ, par Per-sonnages, avec les Additions de Jean Michel. *Paris, Alain Lotrian,* 1539. = Le Mystere de la Résurrection de Jesus-Christ. *Paris, Alain Lotrian,*

1539. = Le Myſtere de la Conception, Nativité, Mariage & Annonciation de la Benoiſte Vierge Marie ; avec la Nativité de Jeſus-Chriſt & ſon Enfance. *Paris, Alain Lotrian, 1539, in-4.* M. à compartimens. *Cet Exemplaire eſt orné des Figures de la Paſſion, gravées par Albert Durer.*

353. Le Myſtere des Actes des Apoſtres, auquel on a adjouté l'Apocalypſe de Saint Jean, mis par Perſonnages & en ryme françoiſe. *Paris, les Angeliers, 1541, 3 tomes en 1 vol. in-fol.* M. B.

354. La Vengeance & Deſtruction de Hiéruſalem, par Perſonnages. *Paris, Alain Lotrian, 1539, in-4.* M. R.

355. La Moralité de l'Homme juſte & l'Homme mondain. *Paris, Ant. Verard, 1508, in-4.* V. F.

356. La Deſtruction de Troyes la Grant, miſe par Perſonnages & en ryme françoiſe. *Lyon, Math. Huſz, 1491, in-fol.* M. R.

357. Le Théâtre de Jacques Grevin. *Paris, Vincent Sertenas, 1562, in-8.* M. R.

358. Airs nouveaux, accompagnés des plus belles Chanſons à danſer qui ayent été par cy-devant miſes en lumiere. *Caen, Jacques Mangeant, 1608, 2 vol. in-12.* M. R.

VII.

Poësie Italienne.

Collections & Extraits des Poëtes Italiens.

359. Tutte le Opere del Bernia, del Mauro, del Molza, del Varchi, del Dolce & d'altri. 1542, *in-8. M. B. piqué de vers.*

360. Opere Burlesche, di Franc. Berni, di Giov. della Casa, del Varchi, del Mauro, di Bino, &c. *In Firenze,* 1552, 2 vol. *in-8. M. R.*

361. Rime di diversi Antichi Autori Toscani, cioe di Dante Alighieri, di Cino da Pistoia, di Guido Cavalcanti, di Dante da Majano, e di fra Guittone d'Arezzo. *In Venegia, Jo. Ant. e Fratelli da Sabio,* 1532, *in-8. M. B.*

362. Stanze amorose sopra gli horti delle Donne, *In Venetia,* 1574, *in-12. M. B.*

Poëtes Italiens, depuis le Dante jusqu'à present.

363. Opere di Dante Alighieri. *Mantuæ, Magister Georgius & Magister Paulus Teutonici impresserunt anno* 1472, *in-molini fol. M. B.*

364.

364. Le medesime Opere di Dante Alighieri. *In Venegia, nelle Case d'Aldo
& d'Andrea di Asola suo Socero,* nell
anno 1515, *in-*8. M. R.

365. Commento di Christophoro Landino,
sopra la Comedia di Dante Alighieri. *In
Venetia, per Piero de Zuanne di Qua-
rengii da Palazago, anno* 1497, *in-fol.*
V. F.

366. Opere di Francesco Petrarcha, *cioè*
le Rime. *Patavii, per Martinum de Sep-
tem Arboribus Prutenum, anno* 1472,
in-fol. M. B. *lavé, réglé.*

367. Le medesime Opere di Petrarcha.
In Lione, Giovan. di Tournes, 1545,
*in-*16. M. Violet.

368. Le medesime Opere di Petrarcha.
In Venetia, Aldi Filii, 1546, *in-*8.
M. B.

369. Sonetti & Canzoni di Messer Fran-
cesco Petrarcha. *Impress. per Alexand.
& Franc. Paganini Benacenses, in-*8.
M. B.

370. Le medesime Opere di Petrarcha,
Brevemente sposte, per Lodovico Cas-
telvetro. *In Basilea, ad Instanza di
Pietro de Sedabonis,* 1582, *in-*4. M. R.

371. Commento sopra gli Trionfi del Pe-
trarcha, composto per Bernardo da Sena.
*In Venetia, Theod. de Reyusburch &
Raynald. de Novimagio,* 1478, *in-fol.*
M. B.

I

372. Toutes les Œuvres vulgaires de François Pétrarque, traduites en françois & mises en ryme, par Vasquin Philieul. *Avignon, Bart. Bonhomme, 1555, in 8.* M. B.

373. Les Triomphes de Messire François Pétrarque, translatés d'italien en françois. *Mss. sur velin, in-8.* M. R.

374. Les mêmes Triomphes de Messire François Pétrarque, translatés en françois. *Paris, Verard, 1514, in-fol.* M. cit.

375. Orlando furioso di Messer Lodovico Ariosto. *In Venegia, Gabriel Giolito de Ferrari, 1551, in-8.* M. R.

376. Il Morgante Maggiore di Luigi Pulci. *In Fiorenza, per Barth. Sermartelli, 1574, in-4.* M. R.

377. Opere Toscane di Luigi Alamanni. *In Firenze, Giunti, 1532, 2 vol. in-8.* M. B.

378. L'Amadigi del Signor Bernardo Tasso. *In Venegia, Giolito de Ferrari, 1560, in-4.* M. cit.

379. L'Italia liberata da Goti di Giangiorgio Trissino, riveduta, e corretta per l'Abbate Antonini. *Parigi, Cavelier, 1729, 3 vol in-8.* M. V. *Exemplar impressum in membranis.*

380. La Gierusalemme liberata di Torquato Tasso, con figure intagliate in rame, da Giambatista Piazzetta. *In*

Venezia, Albrizzi, 1745; in-fol. M. R.

381. Rime & Prose di Messer Giovanni della Casa. *In Venegia, Bevilacqua,* 1558, *in-*4. M. B.

382. Canti XI composti dal Matteo Bandello, delle Lodi de la Signora Lucretia Gonzaga di Gazuolo, e del vero Amore; col tempio di Pudicitia, e con altre Cose per dentro Poeticamente descritte. ═Le tre Parche del medesimo Bandello, Cantate nella Nativita del Signore Giano Primogenito del Signore Cesare Fregoso & de la Signora Gostanza Rangona sua Conforte. *Stamp. in Guienna ne la Citta di Agen, per Anton. Reboglio l'anno* 1545, *in-*8. M. à compartimens, lavé, réglé.

383. Chaos del tri per uno, da Limerno Pitocco (Theof. Folengi), da Mantoa composto. *In Venegia, per Giov. Ant. & Pietro Fratelli de Nicolini da Sabio,* 1546, *in-*8. M. B.

384. Dell' Hercole, Poema, di M. Giovanbattista Giraldi. *In Modena, Gadaldini,* 1557, *in-*4. V. F.

385. Sonetti, e Canzoni del Sannazaro. *Venetiis, Aldus,* 1534, *in-*8. M. R.

386. La Lumiera del Doni, in Ottava rima. *Codex Mss. in chartâ, in-*4. M. B.

Poëtes Dramatiques Italiens.

. . . .
. . . .
. . . .

388. Candelaio, Comedia, di Jiordano Bruno Nolano. *In Parigi, Guglelmo Giuliano*, 1582, *in-*8. M. R.

389. Comedia del Sacrificio degli Intronati. 1538, *in-*8. M. B.

VIII.

Mythologie.

390. Les trois Livres de la Bibliotheque d'Apollodore, de l'Origine des Dieux, traduits du grec en françois, par Jean Passerat. *Paris, Jean Geſſelin*, 1605, *in-*12. M. B.

391. Joan. Boccacii de Certaldo Genealogia deorum Gentilium. *Venetiis, Vindelinus de Spira, anno* 1472.══Ejuſdem Boccacii Liber, de Montibus, Sylvis, Fontibus, Lacubus, & Stagnis. *Venetiis, anno* 1473, *in-fol.* M. B.

392. Le Temple des Muſes, où ſont repréſentés en ſoixante Tableaux gravés par B. Picart, les Evénemens les plus remarquables de l'Antiquité fabuleuſe,

avec des Explications historiques. *Amsterdam, Chatelain, 1733, in-fol. V. B.*

Fables, Apologues, &c.

393. Æsopi & Gabriæ Fabulæ, græcè & latinè : Palæphatus, Heraclides Ponticus, Orus Apollo, græcè. *Venetiis, apud Aldum, 1505, in-fol. M. V.*

394. Earumdem Æsopi Fabularum editio altera, græcè & latinè. *Parisiis, Hieronymus de Marnef, 1585, in-16. M. R.*

395. Gabrielis Faërni Fabulæ centum, ex antiquis Auctoribus delectæ, cum figuris æri incisis. *Romæ, Vincentius Luchinus, 1565, in-4. M. B.*

I X.

Poësie Prosaïque.

Facéties, Plaisanteries, Histoires comiques & récréatives, &c.

396. Les Métamorphoses, ou l'Asne d'Or de L. Apulée, Philosophe Platonicien, traduites du latin en françois, & ornées de figures gravées en taille-douce ; par Crisp. de Pas. *Paris, Nic. de la Coste, 1648, in-8. M. B.*

397. Les Comptes facétieux & récréatifs

du Poge Florentin. *Rouen, Jean. du Gois,* 1602, *in*-16. M. R.

398. Lud. Domitii Brusonii facetiarum exemplorumque libri VII. *Romæ, per Jac. Mazochium,* 1518, *in fol.* V. F.

399. Œuvres de Maître François Rabelais, avec des Remarques historiques & critiques de M. le Duchat, & ornées de figures de Bernard Picart. *Amsterdam, Bernard,* 1741, *3 vol. in*-4. *gr. papier,* M. R.

400. Les grandes & fantastiques Batailles des grands Rois Rodillardus & Croacus, traduites du grec en françois. *Bloys, Julien Angelier,* 1554, *in*-16. M. V.

401. Les Comptes du Monde avantureux, contenant cinquante-quatre Discours plaisans & récréatifs. *Paris, Claude Micard,* 1582, *in*-16. M. R.

402. Recueil général des Caquets de l'Accouchée. 1623, *in*-8. M. R.

403. L'Esté de Benigne Poissenot, contenant trois Journées, où sont déduites plusieurs Histoires & Propos récréatifs tenus par trois Ecoliers. *Paris, Claude Micard,* 1583, *in*-16. M. R.

404. Les neuf Matinées du Seigneur de Cholieres. *Paris, Jean Richer,* 1585, *in*-8. M. B.

405. Trois Livres de Gaspar de Saillans, Gentilhomme de Dauphiné ; le premier Livre traite de son Mariage, le second

de ses Fiançailles, & le troisième de ses Noces. *Lyon, Jacques de la Planche,* 1569, *in-8.* M. R.

406. Recueil général des Œuvres & Fantaisies de Tabarin, avec les Rencontres & Fantaisies du Baron de Gratelard. *Rouen, Louis du Mesnil,* 1664, *in-12.* M. R.

Contes & Nouvelles.

407. Il Decamerone di M. Giovanni Bocaccio, nuovamente corretto, & con diligentia Stampato. *In Firenze, Giunti, anno* 1527, *in-8. V. F. Editio originalis.*

408. Il medesimo Decamerone, di Messer Giovanni Bocaccio, sopra l'editione de i Giunti del anno 1527, e nuovamente dato in Luce da Paolo Rolli, con la vita di Bocaccio scritta da Matteo Villani. *In Londra, per Tomaso Edelin* 1725, *in-fol.* M. R.

409. Le Décameron, surnommé le Prince Galiot, qui contient cent Nouvelles, traduit de l'italien de Jean Bocace, en françois, par Laurent. *Paris, Antoine Verard, in-fol.* M. R. *Cet Exemplaire est imparfait de plusieurs feuillets.*

410. Porretane *overo* Novelle, di Messer Sabadino Bolognese. *In Verona, Ant. Putelleto,* 1540, *in-8.* M. R.

411. I Capricci del Botaio, di Giovan-Batista Gelli. *In Firenze,* 1549, *in-8.* M. R.

412. I medesimi Capricci del Botaio. *In Fiorenza, Lorenzo Torrentino,* 1551, *in-8.* M. R.

413. Le Piacevoli Notti di M. Giovanni Francesco Straparola. *In Venegia, per Comin da Trino,* 1550, *in-8.* M. R.

414. I medesimi Piacevolissimi Notti. *In Venetia, Alessandro de Vecchi,* 1599, *in-4.* M. B.

415. Hecatommithi *overo* cento Novelle, di Giovan. Bat. Giraldi Cinthio. *In Venetia, Denchino & Giov. Bat. Pulciani,* 1608, *in-4.* M. B.

416. Le Novelle del Matteo Bandello. *In Lucca Busdrago,* 1554, 3 *vol. in-4.* M. R. — La Quarta parte de le Novelle del Bandello. *In Lione, Alessandro Marsilii,* 1573, *in-8.* M. R.

417. Le Parangon des Nouvelles honnestes & délectables. *Lyon, Romain Morin,* 1531, *in-8.* M. R.

418. Les Contes & Discours d'Eutrapel; par de la Herissaye. *Rennes, Noël Glamet,* 1598, *in-8.* M. R.

Romans

Romans d'Amour, Moraux, Allégoriques,
&c.

419. Du vrai & parfait Amour, écrit en
grec par Athenagoras, contenant les
Amours de Théogenes & de Charide,
de Phérécides & de Mélangénie, trad.
en françois par Fumée de Genillé. *Pa-*
ris, Daniel Guillemot, 1599, *in-*12.
M. R.

420. Longi Pastoralium, de Daphnide &
Chloë, libri IV, græcè & latinè, cum
figuris æri incisis à B. Audran, juxtâ
delineationes Celsiss. Ducis Aurelia-
nensis Philippi. *Lutetiæ Parisiorum,* 1754,
*in-*4. M. R.

421. Les Amours Pastorales de Daphnis
& Chloë, traduits du grec de Longus
en françois, par Jacques Amyot; Ou-
vrage enrichi de figures gravées par Benoist Audran, d'après les Desseins de
Monseigneur le Duc d'Orléans, Régent.
Paris, 1718, *in-*8. M. R.

422. Les Travaux d'Aristée & d'Amarile
dans Salamine, traduits du grec de
Théophraste, en françois, par Mélidot.
Au Mans, Franc. Olivier, 1618, *in-*16.
M. cit.

423. Eneæ Silvii *posteà* Pii Papæ Secundi
Libellus de duobus Amantibus Eurialo
& Lucretia. == Franc. Florii Florentini

K

Liber de Amore Camilli & Emiliæ. *Tu-*
ronis edit. in domo Guillermi Archie-
piscopi Turonensis, anno 1467, in-4.
V. F. Voyez Bibliographie instructive,
N°. 3734.

424. Histoire de Poliarque & d'Argenis ;
par François Nicolas Coëffeteau. *Paris,*
Samuel Thiboust, 1624, in-12. M. R.

425. Les Amours d'Armide ; par P. Jou-
let, Sieur de Chastillon. *Lyon, Pierre la*
Roche, 1606, in-8. M. R.

426. Les Amours de la belle du Luc, où
est démontrée la vengeance d'Amour
envers ceux qui médisent de l'honneur
des Dames ; par J. P. de Gontier. *Lyon,*
Pierre Rigaud, 1606, in-16. M. R.

427. L'Heureux Esclave. *Paris, Pierre*
Witte, 1726, in-12. fig. M. R.

428. Les Avantures de Floride. *Rouen,*
Raphael du Petit Val, 1595, 4 vol. in-12.
M. B.

429. Le Philocope de Messire Jean Bocace,
contenant l'Histoire de Fleury & de
Blanchefleur, traduit en françois par
Adrian Sevin. *Paris, Vincent Norment,*
1575, in-8. M. R.

430. Histoire Amoureuse de Flores & de
Blanchefleur. *Mss. sur papier, in-4.*
M. cit.

431. Le Labyrinthe d'Amour de M. Jean
Bocace, traduit en françois. *Paris, Jean*
Ruelle, 1571, in-16. M. R.

432. Les Azolains de Pierre Bembo, de
la Nature d'Amour, traduits en françois
par Jean Martin. *Paris, Galliot Dupré,*
1576, *in-8.* M. R.

433. Les Six Livres de Mario Equicola
d'Alveto, de la Nature d'Amour, tant
humain que divin, & de toutes les dif-
férences d'icelui. *Paris, Jean Houzé,*
1589, *in-8.* M. R.

434. Poliphili Hypnerotomachia, ubi hu-
mana omnia non nisi somnium esse do-
cet, atque obiter plurima scitu sane di-
gna commemorat. Authore Franc. Columna. *Venetiis, Aldus,* 1499, *in-fol.*
M. R.

435. La Galatée, trad. de l'italien de Jean
de la Case, & mise en françois, en latin,
en allemand & en espagnol. *Lyon, Jean*
de Tournes, 1609, *in-16.* M. R.

436. La Circe di Giovan Batista Gelli. *In*
Fiorenza, 1550, *in-8.* M. R.

437. Historia de la Donzella Theodor. *En*
Salamanca, Viuda Ant. Ramirez, 1625,
in-4. M. R.

438. La Constante Amarilis, de Cristoval
Suarez de Figueroa. *Lyon, Claude Mo-*
rillon, 1614, *in-8.* M. B.

439. Les Avantures de Télémaque, fils
d'Ulysse; par M. François de Salignac
de la Mothe Fenelon, Archevêque-Duc
de Cambray: édition enrichie de figures
gravées par Bernard Picart, & autres

habiles Maîtres. *Amsterdam, Wetstein,* 1734, *in-fol. M. B. Première édition.*

Romans de Chevalerie, ou de Table Ronde, &c.

440. L'Arbre des Batailles, par Honoré Bonnor. *Lyon,* 1481, *in-fol. M. R.*

441. Le Chevalier de la Tour & le Guidon des Guerres, *Paris, Guillaume Eustace* 1514, *in-fol. M. R.*

442. L'Ordre de la Toison d'Or, composé par Guillaume, Evesque de Tournay, Chancelier dudit Ordre. *Troyes, Nicolas le Rouge,* 1530, 2 *vol. in-fol. M. R. lavé, réglé.*

443. La Devise des Armes des Chevaliers de la Table-Ronde, avec la Description de leurs Armoiries. *Lyon, Benoist Rigaud,* 1590, *in-16. M. B.*

444. Histoire du Saint-Gréaal, qui est le premier Livre de la Table Ronde. *Paris, Philippe le Noir,* 1516, *in-fol. M. R.*

445. Le Roman de Lancelot du Lac. *Paris, Antoine Verard,* 1494, 3 *vol. in-fol. M. R. la troisième partie est imprimée sur vélin.*

446. Le Roman de Gyron le Courtois, avec la Devise des Armes des Chevaliers de la Table Ronde. *Paris, Michel le Noir,* 1519, *in-fol. M. B.*

447. Le Roman de Méliadus de Léonnois. *Paris, Galliot Dupré, 1528, in-fol.* M. B.

448. Histoire des hauts & chevaleureux Faits d'armes du Prince Méliadus, dit le Chevalier de la Croix. *Paris, Nicolas Bonfons, 1584, in-4.* M. B.

449. Le Roman du Chevalier Tristan, fils du Roi Méliadus de Léonnois. *Rouen, Jean le Bourgoys, 1489, 2 tomes en 1 vol. in-fol.* M. R.

450. Le Roman de Tristan, Chevalier de la Table Ronde. *Paris, Ant. Verard, 2 tomes en 1 vol. in-fol.* M. R.

451. Ysaie le Triste, fils de Tristan de Léonnois, jadis Chevalier de la Table Ronde. *Paris, Galliot Dupré, 1522, in-fol.* M. R.

452. Histoire du nouveau Tristan, Prince de Léonnois, Chevalier de la Table Ronde, & d'Yseulte, Princesse d'Yrlande, Reyne de Cornouaille ; par Jean Mangin. *Lyon, Benoist Rigaud, 1577, 2 vol. in-16.* M. R.

453. La très-plaisante & récréative Histoire du vaillant Chevalier Perceval le Gallois, Chevalier de la Table Ronde. *Paris, Jean Longis, 1530, in-fol.* M. B.

454. L'Histoire du noble & vaillant Chevalier Theseus de Coulogne, & de son

fils Gadifer. *Paris, Jean Bonfons, in-4.*
M. R.

455. Le Roman du preux Chevalier Artus
de Bretaigne. *Paris, Alain Lotrian &*
Denis Janot, 1536, in 4. M. R.

456. La très-élégante Hiſtoire de Perce-
Foreſt, Roi de la Grande-Bretaigne.
Paris, Galliot Dupré, 1528, 6 tomes
en 3 vol. in-fol. M. R.

457. La Conqueſte du grand Roy Charle-
maigne, des Eſpaignes, & les faits &
geſtes des douze Pairs de France. *Paris,*
Pierre Sergent, in-4. M. R.

458. La Conqueſte du très-puiſſant Empire de Trébiſonde & de la ſpacieuſe
Aſie, faite par Regnauld de Montau-
ban. *Paris, Jean Trepperel, in-4.*
M. R.

459. Le Roman des quatre fils Aymon.
In-fol. ſans indication du lieu ni date
d'année, in-fol. M. B. avec dentelles.

460. Hiſtoire fort plaiſante & récréative,
contenant le reſte des faits & geſtes des
quatre fils Aymon ; aſſavoir, Alard,
Guichard & le petit Richard, & de leur
couſin le ſubtil Maugis, lequel fut Pape
de Rome. *Lyon, Benoiſt Rigaud, 1581,*
in-8. M. R.

461. Hiſtoire de Huon de Bourdeaux, Pair
de France. *Lyon, Pierre Rigaud, 1606,*
in-8. M. B.

462. Le Roman de Galien Rhetoré, fils
du Comte Olivier de Vienne, Pair de
France. *Paris, Alain Lotrian & Denis
Janot, in-4. M. R.*

463. Le Roman d'Ogier le Danois, Duc
de Dannemarck, qui fut l'un des Pairs
de France. *Paris, par le Petit Laurens,
in-fol. M. R.*

464. L'Histoire du preux Meurvin, fils de
Ogier le Dannois. *Paris, Pierre Sergent,*
1540, *in-8. M. R.*

465. Histoire & ancienne Chronique de
Gérard d'Euphrate, Duc de Bourgon-
gne. *Paris, Sertenas,* 1549, *in-fol.*
M. R.

466. Histoire du vaillant Chevalier Guerin
Mesquin. *Lyon, Romain Morin, sans
date d'année, in-fol. M. B.*

467. Tirante il Bianco, tradotto per Messer Lelio di Manfredi. *In Venegia, nelle
Case di Pietro di Nicolini da Sabbio,*
1538, *in-4. M. R.*

468. L'Histoire du noble Chevalier Beri-
nus, & du vaillant Aygres de Laymant
son fils. *Paris, Jean Bonfons, in-4.*
M. B.

469. Histoire du vaillant Chevalier Beuf-
ves de Hantonne & de la belle Josienne
sa Mye. *Paris, Jean Bonfons, in-4.*
M. R.

470. Histoire de Guillaume de Palerne &

de la belle Mélior. *Paris, Nicolas Bonfons, in-4.* M. R.

471. L'Histoire & Chronique du petit Jehan de Saintré, & de la jeune Dame des belles Cousines, sans autre nom nommer. *Paris, Jean Trepperel, in-4.* M. B.

472. Le Roman du Chevalier Jourdain de Blaves. *Paris, Jean Bonfons, in-4.* M. R.

473. Histoire pitoyable du Prince Erastus, fils de Dioclétien, Empereur de Rome. *Paris, Nicolas Bonfons, 1587, in-16.* M. Cit.

474. L'Histoire & Conquête de Grèce, faite par Philippe de Madien, autrement dit le Chevalier à Lesparvier Blanc. *Paris, Jean Bonfons, in-4.* M. B.

475. L'Histoire de Giglan, fils de Messire Gauvain, qui fut Roi de Galles, & de Geoffroy de Mayence, son Compagnon. *Lyon, Gilles & Jacques Huguetan, 1539, in-4.* M. R.

476. Le Livre de Messire Cleriadus fils au Comte d'Esture, & de Méliadice fille au Roy d'Angleterre. *Paris, 1525, in-4.* M. R.

477. Le Roman de Guy de Warvich, Chevalier d'Angleterre. *Paris, François Regnault, 1525, in-fol.* M. R.

478. Les grandes Chroniques de Bretaigne,

taigne, depuis le Roi Brutus, jufqu'à
Cadvaladrus, dernier Roi Breton, &c.
Caen, Michel Angier, 1518, in-fol.
M. R.

479. La Miravillofa Vida de Roberto el
Diablo, Hijo del Duque de Normandia.
*En Salamanca, per Anton. Ramirez,
1627, in-4.* M. R.

480. La terrible & merveilleufe Vie de
Robert le Diable. *Paris, Claude Gli-
hart, in-4.* M. B.

481. L'Hiftoire de Richard fans Paour,
Duc de Normandie, qui fut fils de Robert le Diable. *Paris, Simon Calvarin,
in-4.* M. R.

482. Les XXI premiers Livres du Roman
d'Amadis des Gaules, traduits en fran-
çois par Nicolas de Herberay, Sieur des
Effarts, Claude Colet, Jacques Gohorry,
Guill. Aubert de Poitiers, & Gabriel
Chappuis. *Lyon, Benoift Rigaud, 1575,
& années fuivantes, 21 volumes in-16.*
M. R.

483. Les XXII, XXIII & XXIVe Livres
du même Roman d'Amadis. *Paris,
Gilles Robinot, 1615, 3 vol. in-8.* M. R.

484. Le Tréfor des XXI premiers Livres
du Roman d'Amadis des Gaules, contenant les Harangues, Epîtres, Sentences, & autres chofes excellentes.
*Lyon, Jean-Antoine Huguetan, 1606,
2 vol. in-16.* M. R.

L

485. La Chronique de Dom Florès de Grèce, surnommé le Chevalier des Cignes; par le Seigneur des Essarts, Nicolas de Herberay. *Paris, Claude Micard,* 1573, *in-16. M. cit.*

486. Histoire de Dom Belianis de Grèce. *Paris, Toussainct du Bray,* 1625, 2 vol. *in-8. M. R.*

487. Espeio de Principes y Cavalleros, en el qual se mentan los immortales hechos del Cavallero de Febo, y de su Hermano Rosicler, hijos del Emperador Trebacio, por Diego Ortunez de Calahorra. *En Çaragoça, por Juan de la Naja y Quartanet,* 1617, *in-fol. M. R.*

488. L'admirable Histoire du Chevalier du Soleil, où sont racontées les prouesses de cet invincible Guerrier & de son frere Rosiclair, traduite par Franç. de Rosset. *Paris, Jean Fouet,* 1620, 8 *tomes reliés en* 16 *vol. in-8. M. B.*

489. Historia del Valeroso Cavallero Cid Ruy Diaz de Bivar. *En Salamanca,* 1627, *in-4. M. R.*

490. Le Roman des Romans, où on verra la suite & la conclusion de Dom Belianis de Grece, du Chevalier du Soleil, & des Amadis; par du Verdier. *Paris, Toussainct du Bray,* 1626, 7 *tomes reliés en* 13 *vol. in-8. M. R.*

491. Histoire de Primaléon de Grece, fils de Palmerin d'Olive, Empereur de

Conſtantinople ; par Gabriel Chappuis. *Lyon, Benoiſt Rigaud, 1577, 4 tomes en 5 vol. in-16.* M. R. Manque le frontiſpiece du premier vol.

492. Le Roman du preux & vaillant Chevalier Palmerin d'Angleterre, fils du Roi Dom Edoard, traduit du Caſtillan en françois par Jacques Vincent. *Lyon, Thibauld Payen, 1553, in-fol.* M. R.

493. Hiſtoire de Gériléon d'Angleterre, traduite en françois par Eſtienne de Maiſon-Neufve. *Paris, Jean Houzé, 1586, in-8.* M. B.

494. L'Hiſtoire Palladienne, traitant des geſtes & généreux faits d'Armes & d'Amours de pluſieurs grands Princes, ſpécialement de Palladien, fils du Roi Milanor d'Angleterre, & de la belle Sélérine, fille du Roi de Portugal ; par Collet. *Paris, Jean Longis, 1555, in-fol.* M. R.

495. Hiſtoire de Chriſérionte de Gaule ; par de Sonan. *Lyon, Barth. Vincent, 1620, in-8.* M. B.

496. Le Roman héroïque, où ſont contenus les mémorables faits d'Armes de Dom Roſidor, & de Clariſel le Fortuné ; par de Logéas. *Paris, Auguſtin Courbé, 1632, in-8.* M. B.

497. Le Roman des Chevaliers de la Gloire ; par François de Roſſet. *Paris, Fr. Huby, 1613, in-4.* M. Cit.

498. Le Roman du Chevalier Hypocondriaque; par du Verdier. *Paris, Matthieu Guillemot, 1632, in-8.* M. V.

499. Dialogues des vaillans faits d'Armes de Bolorofpe, Cavalier Gafcon Hypocondre, devant Nancy.═Les Avantures extravagantes du Courtifan Grotefque. *In-8.* M. B.

Romans hiſtoriques & fabuleux.

500. Les Cent Hiſtoires de Troye, en ryme françoiſe. *Paris, Philippe le Noir, 1522, in-4.* M. B.

501. Le Recueil des Hiſtoires & Singularités de Troye la grande; par Raoul le Fevre. *Lyon, Antoine du Ry, 1529, in-fol.* M. B.

502. Le Triomphe des neuf Preux. *Abbeville, Pierre Gerard, 1487, in-fol.* M. R.

503. Hiſtoire merveilleuſe & notable de trois Fils de Roys. *Lyon, Benoiſt Rigaud, 1579, in-8.* M. R.

504. L'Hiſtoire des trois Frères Princes de Conſtantinople; par de Logeas. *Paris, Pierre Billaine, 1632, in-8.* M. B.

505. Le Roman de Jaſon. *Sans indication de lieu ni date d'année, in-fol.* M. R. Les ſix premiers feuillets ſont manuſcrits.

506. Vida y Purgatorio de S. Patricio, por Juan Perez de Montalvan. *En Ma-*

drid, Viuda de Luis Sanchez, 1629,
in-8. M. V.

SECTION IV.

PHILOLOGIE.

I.

Critiques anciens & modernes.

507. Les quinze Livres des Déipnofophiftes
d'Athénée, traduits en françois par
l'Abbé de Marolles. *Paris, 1680, in-4.*
M. R.

508. Aurelii Theodofii Macrobii Opera.
Venetiis, per Nicolaum Jenfon Galli-
cum, anno 1472, in-fol. M. B. *exemplar*
elegans. Editio Primaria.

Satyres, Invectives, Défenfes, Apologies,
&c.

509. Pafquillorum Tomi duo, quorum
primus verfibus ac Rhythmis; alter,
folutâ oratione compofitâ quàm plurima continentur ad exhilarandum confir-
mandumque hoc perturbatiffimo rerum
ftatu, pii lectoris animum opprime
conducentia. *Eleutheropoli, (Bafileæ),*
1544, in-8. M. *à compartimens.*

510. Cælii Secundi Curionis Pafquillus

Ecstaticus. *Genevæ , Joan. Girardus ,*
1544, in-8. M. à compartimens.

511. Ejusdem Cælii Secundi Curionis Pasquillus Ecstaticus, cui accedit Pasquillus
Theologaster. *Genevæ, Petrus Colome-*
sius, 1667, *in*-12. *M. R.*

512. Pasquini & Marphorii Curiosæ in-
terlocutiones , super præsentem orbis
Christiani statum. 1683, *in*-12. *M. B.*

513. Les Visions de Pasquille : le Jugement d'icelui, ou Pasquille prisonnier;
avec le Dialogue de Probus. 1547, *in*-8.
M. B.

514. Le grand Dictionnaire des Précieuses, avec la Clef; par de Somaize. *Pa-*
ris, Jean Ribon, 1661, *3 vol. in*-8.
M. R.

Dissertations philologiques , critiques ,
allégoriques & enjouées; comme aussi les
traités critiques & apologétiques de l'un
& de l'autre sexe.

515. Processus Juris Jocoserius, in quo
continentur : 1°. Processus Satanæ contra Divam Virginem , coram judice
Jhesu, cum Annot. Udalrici Tengleri:
2°. Jacobi de Ancharano Processus Luciferi contrà Jhesum, cum Annotationibus Jac. Ayereri : 3°. Martialis Ar-
verni Arresta amorum, cum Bartoli à
Saxo Ferrato decisionibus parlamenti,

adjectis Bened. Curtii Commentariis &
Notis. *Hanoviæ*, 1611, *2 vol. in-8.*
M. B.

516. De Generibus Ebriosorum, & Ebrie-
tate vitandâ, 1557. == Epistolæ obscu-
rorum virorum ad Ortuinum Gratium.
1557, *in-16. M. Cit.*

517. Tractatus varii de pulicibus. *Utopiæ,*
absque notâ anni, in-12. M. Cit.

519. Dialogue intitulé *le Peregrin*, traitant de l'honnête & pudique Amour,
traduit de l'italien par François Dassy.
Lyon, Claude Nourry, 1528, *in-fol.*
M. R.

520. Philosophie d'amour de Léon Hé-
breu, traduit en françois par du Parc.
Paris, Claude Micard, 1580, *2 vol.*
in-16. M. B.

521. Hilarii Drudonis Practica artis amandi & alia ejusdem materiæ. *Amstelodami,*
Georgius Trigg, 1652, *in-12. M. B.*

522. Question de amor, de dos enamo-
rados : al uno era muerta su amiga, el
oltro sirve sin sperança de Galardon. *In*
Venetia, Gabriel Giolito, 1553, *in-8.*
M. B.

523. De l'heur & malheur du Mariage,
par Jean de Marconville. *Lyon, Pierre*
Rigaud, 1602, *in-16. M. B.*

524. Les quinze Joyes de Mariage. *Lyon,*
Pierre Rigaud, 1607, *in-8. M. R.*

525. Franc. Barbari, de re uxoriâ libri

duo. *Amstelodami, Joan. Janssonius,* 1639, *in-*16. M. B.

526. Disputatio periucunda, quâ anony-
mus probare nititur mulieres homines
non esse. *Hagæ Comitis, J. Burchornius,*
1641, *in-*12. M. R.

527. Annæ Mariæ à Schurman Dissertatio,
de ingenii muliebris ad doctrinam, &
meliores litteras aptitudine. *Lugd. Bat.*
ex officinâ Elzevirianâ, 1641, *in-*8.
M. B.

528. Paradoxe apologique, où il est dé-
montré que la femme est beaucoup plus
parfaite que l'homme en toute action de
vertu ; par Alexandre de Pont-Aymery.
Paris, Abel l'Angelier, 1594, *in-*12.
M. cit.

529. Dialogo della bella Creanza de le
Donne. 1540, *in-*8. M. B.

530. Difese delle Donne, Opera di Messer
Domenico Bruni da Pistoia. *In Milano,*
Giov. Antonio de Gli Antonii, 1559,
*in-*8. M. B.

531. Recueil de toutes les Œuvres de Bernard de Bluet d'Arberes, Comte de Per-
mission, Chevalier des Ligues des XIII
Cantons Suisses, lequel ne sçait ni lire
ni écrire, & n'y a jamais aprins. *Im-*
primé sans indication de ville ni date
*in-*12. M. B. (*XCVIII Livres*).

532. Le Cabinet de Minerve, auquel sont
plusieurs singularités, figures, tableaux,
antiquités,

antiquités, recherches saintes, remarques sérieuses, observations amoureuses, subtilités agréables, rencontres joyeuses, & quelques histoires meslées ès avantures de la sage Fénisse, Patron du Devoir; par Béroalde de Verville. *Tours, Molin,* 1596, *in*-12. M. B.

533. Le Pegme de Pierre Coustau, avec les Narrations philosophiques, mis de latin en françois par Lanteaume de Romieu. *Lyon, Barth. Molin,* 1560, *in*-8. M. R.

534. La Citta Felice di Francesco Patritio, Dialogo dell' Honore, il Bariquano, del medesimo. *In Venetia, Giov. Griffio,* 1553, *in*-8. M. B.

535. Les Promenades Printannieres. *Paris, Guillaume Chaudiere,* 1586, *in*-8. M. B.

536. Paradoxes, ce sont Propos contre la commune opinion, débattus en forme de déclamations forenses, pour exciter les jeunes esprits en causes difficiles. *Paris, Charles Étienne,* 1553, *in*-8. M. R.

537. Paradoxes, autrement, Propos contraires à l'opinion de la pluspart des hommes. *Rouen, Nicolas Lescuyer,* 1583, *in*-8. M. R.

538. I Marmi del Doni, *cioè* Ragionamenti introdotti à forsi da varie conditioni d'huomini, à Luoghi di honesto

Piacere in Firenze. *In Venetia, Giov. Bat. Bertoni*, 1609, *in-4. en carton.*

539. I Mondi del Doni. *In Venegia, Francesco Marcolini*, 1552, *in-4.* M. R.

540. Sermoni funebri de Vari Authori, nella morte de diversi Animali. *In Venegia, Gabriel Giolito*, 1548, *in-8.* M. R.

I I.

Gnomiques, ou Sentences, Adages, Proverbes, &c.

541. Sentences & beaux Dits que Plutarque a assemblés & écrits de plusieurs & vertueux Rois, chefs d'armées, & excellens saiges Philosophes & autres, tant grecs que latins. *Mss. sur velin, in-4.* M. B.

542. Les divers Propos mémorables des nobles & illustres Hommes de la chrestienté; par Gilles Corrozet. *Anvers, Christ. Plantin*, 1557, *in-16.* M. B.

543. Facetie, Motti, & Burle di diversi Signori & persone private, raccolte per M. Lodovico Domenichi. *In Venetia, Paulo Ugolino*, 1599, *in-8.* M. R.

I I I.

Emblêmes, Devises, &c.

544. Livret des Emblêmes de Maître André Alciat, mis en ryme françoife. *Paris, Chrétien Wechel, 1536, in-8.* M. B.

545. Le Paradis Terreftre, ou Emblêmes facrés de la folitude ; par J. Martin. *Paris, Jean Henault, 1655, in-8.* M. B.

546. Les Devifes héroïques de Claude Paradin. *Anvers, Chrift. Plantin, 1562, in-8. M. R.*

S E C T I O N V.

POLYGRAPHIE.

I.

Polygraphes anciens & modernes.

547. Luciani Samofatenfis Opera, græcè & latinè, ex editione Tiber. Hemfterhufii & Joan. Mat. Gefneri. *Amftelodami, Jacobus Weiftein, 1743, 3 vol. in-4.* Ch. Mag. M. B.

548. I Dialogi Piacevoli, le vero narra

tioni de facete Epiſtole di Luciano, di greco, in volgare tradotte per Nicolo da Lonigo. *In Venetia, Giov. de Farri, 1541, in-8. M. B.*

549. Joan. Ant. Campani Opera. *Romæ, per Eucharium Silber Alias Franck, ſub ſigno Campanæ, 1495, in-fol. M. B.*

550. Angeli Politiani Opera omnia. *Venetiis Aldus, 1498, 2 vol. in-fol. M. R. & M. Vert.*

552. Eorumdem Politiani Operum, editio altera. *Florentiæ, per Leonardum de Arigis de Geſoriaco, anno 1499, in-fol. M. R.*

553. Franc. Philelfi Orationes, cum quibuſdam aliis Ejuſdem operibus. *Mediolani, 1481, in-4. V. Marbré.*

554. Ejuſdem Franc. Philelphi Orationes, cum aliis Opuſculis. *Venetiis, per Philippum de Pinzis, anno 1496, in-fol. M. R.*

555. Divi Laurentii Juſtiniani Venetiarum Proto Patriarchæ Operum collectio edita per Hieronymum Caballum. *Brixiæ, per Angelum Britannicum, anno 1506, 2 vol. in-fol. V. F.*

556. Anton. Codri Urcei Orationes, Epiſtolæ, Sylvæ, Satyræ, Eglogæ & Epigrammata, *Bononiæ, per Joannem Antonium Platonidem, anno 1502, in-fol. M. B.*

557. Stephani Doleti Orationes duæ in Tholofam, necnon Epiftolæ & Carmina. *In-8. M. B.*

558. Roberti Gaguini Opufcula, fcilicet Epiftolæ, Orationes, &c. *Parifiis, Andræas Bocard,* 1498, *in-4. M. B.*

I I.

Dialogues & Entretiens fur différens fujets.

559. Quatre Dialogues faits à l'imitation des Anciens; par Orafius Tubero (la Mothe le Vayer). *Francfort Sarius,* 1606, *in-4. M. R.*

560. Notable Difcours en forme de Dialogue, touchant la vraye & parfaite Amitié. *Lyon, Benoift Rigaud,* 1583, *in-8. M. R.*

561. Dix plaifans Dialogues de Nicolo Franco, traduits de l'italien en françois. *Lyon, Jean Beraud,* 1579, *in-16. M. B.*

562. De Gli Heroici Furori Dialogi X, da Giordano Bruno Nolano. *In Parigi, Anton. Baio,* 1585, *in-8. M. à compartimens.*

I I I.

Epiſtolaires.

563. Caii Plinii Secundi, Epiſtolæ &
Panegyricus Trajano dictus. *Venetiis,
in ædibus Aldi & Andreæ Aſulani Soceri,*
1518, *in-8.* M. R. vieux.

564. Francisci Philelphi Epiſtolarum fa-
miliarium Libri XXXVII. *Venetiis,
Gregorius de Gregoriis,* 1502, *in-fol.*
M. antiqué.

565. Pii Secundi, Pontificis Maximi
(Æneæ Sylvii), Epiſtolæ. *Mediolani,
per Ant. de Zarotis, anno* 1473, *in-fol.*
M. R.

566. Earumdem Epiſtolarum, editio altera. *Abſque loco & anno, in-folio,*

567. Pauli Bembi Patricii Veneti Epiſtolæ. *In-8.* M. B.

568. Cœlii Secundi Curionis Selectarum
Epiſtolarum Libri duo. *Baſileæ, per
Joannem Oporinum,* 1553, *in-8.*
M. B.

569. Fratris Joannis Raulin Epiſtolæ.
Pariſiis, Joan. Parvus, 1521, *in-4.*
M. Violet.

570. Augeri Gisleni Busbequii Epistolæ
ad Rudolphum II. *Lovanii, Philippus
Dormalius*, 1630, *in-*8. M. R.

571. Lettere Facete, e Chiribizzose in
lengua antiqua Venetiana, per Vincenzo
Belando. *In Parigi*, *Abel l'Angellier*,
1588, *in-*12. M. B.

HISTOIRE.

HISTOIRE.

PROLÉGOMÈNES HISTORIQUES.

SECTION PREMIÈRE.

GÉOGRAPHIE.

I.

Géographes anciens.

572. STRABONIS Rerùm Geographicarum Libri XVII, græcè & latinè, edente Theodoro Janſſonio ab Almeloveen. *Amſtelodami* , 1707 , 2 *vol. in-fol.* M. R.

573. Eorumdem Strabonis Librorum, editio altera, latinè. *Venetiis, per Vindelinum de Spira, anno 1472, in-fol.* M. R.

574. Claudii Ptolomæi Coſmographiæ Libri octo, interprete Jacobo Angelo. *Bononiæ, Dominicus de Lapis, anno 1462, in-fol.* M. R. *Editio Primaria.*

575. Dionyſius de Situ Orbis, ex Tranſlatione Anton. Bechariæ. *Venetiis, per*

Franc. Renner de Hailbrun, anno 1478, in-4. V. F.

576. Pomponius Mela de situ Orbis. *Editio vetus, absque loco & anno*, in-4. V. F.

577. Caii Julii Solini, de memorabilibus Mundi, Libri tres. *Venetiis, anno* 1493, in-4. V. F.

II.

Voyages.

578. Collectiones Peregrinationum in Indiam Orientalem & Indiam Occidentalem XXV partibus comprehensæ, cum figuris æneis Fratrum de Bry, & Meriani. *Francofurti ad Mænum,* 1590, *& annis sequentib.* 10 vol. in-fol.
M. B.

SECTION II.

CHRONOLOGIE.

I.

Chronologie Technique & Historique.

579. Hugonis Chronicon. *Codex vetus Mss. in membranis* in-fol.

580. Hieronymi Vecchietti, de anno primitivo ab exordio Mundi, ad annum

Julianum accomodato, Libri octo. *Augustæ Vindelicorum , And. Aperger , 1621, in-fol. Magno,* M. B.

581. Antonii Capelli Francifcani Conventualis de Cœna Chrifti fupremâ , deque præcipuis vitæ ejus capitibus differtatio, adverfus Ægyptium Autorem anni primitivi. *Parifiis , Morellus , 1625, in-4.* M. B.

582. Paulina, feu de Recta Pafchæ celebratione, & de die Paffionis Jefu Chrifti, Opus Pauli Germani de Middelburgo , Epifcopi Forofempronienfis. *Forofempronii , Petrutius , 1513, in-fol.* M. B.

583. Vincencii Bellovacenfis Speculum Doctrinale. *In-fol. Tomus primus.* = Ejufdem Speculum Naturale. *In-fol. Tomus primus.* = Ejufdem Speculum Morale. *In-fol.* = Ejufdem Speculum Hiftoriale. *In-fol. Tomus tertius , non relié. On lit à la fin de ce Volume la Soufcription fuivante : Explicit. Speculum. Hiftoriale. Fratris. Vincencii. Ordinis. Prédicatorum. Impreffum. per. Joannem. Mentellin. anno. Domini. millefimo quadringentefimo tercio. quartâ. die. Decembris. Voyez Bibliographie inftructive,* Nᵒ. 4324.

584. Chronica Summorum Pontificum , Imperatorumque, ac de feptem ætatibus Mundi , ex Sancto-Hieronymo, Eufebio aliifque eruditis excerpta, per Martinum

N ij

Polonum. *Taurini , Joannes Fabri ,
1477, in-4. V. Marbré.*

585. La Salade, laquelle fait mention de
tous les Pays du Monde. *Paris, Philippe le Noir.* === La Grant Nef des Fols
du Monde. ; par Sébaſtien Brant. *Paris,
Géof. de Marnef , 1494, in-fol. M. R.*

II.

Hiſtoire univerſelle.

586. Juſtini Hiſtoriæ. *Typis Udalrici Gal-
li , abſque anno , in-fol. M. B.*

587. Eædem Juſtini Hiſtoriæ. *Venetiis,
per Philippum Condam Petri , anno
1479, in-fol. M. B.*

SECTION III.

I.

*Hiſtoire Eccléſiaſtique de l'ancien & du
nouveau Teſtament.*

588. Euſebii Hiſtoria Eccleſiaſtica. *Mantuæ, Joan. Schallus, anno 1479, in-fol.
M. R.*

589. Scholaſtica Hiſtoria, ſuper novum
Teſtamentum. *In Trajecto inferiori,
per Magiſtros Nicolaum Ketelaer , &*

Gherardum de Leempt, anno 1473, in-fol.
M. R.

590. The Old and New Teſtament Con-
nected in the Hiſtory of the Jews and
Neighbouring Nations, By Humphrey
Prideaux. *London, Knaplock, 1717,*
2 vol. in-fol. M. R.

I I.

Hiſtoire Eccléſiaſtique particulière de
différentes Nations.

591. Sanctuarium Capuanum, Opus in quo
ſacræ res Capuæ, & per occaſionem
plura, tam ad diverſas civitates regni
pertinentia, quàm per ſe curioſa continentur, collectore Michaele Monacho.
Neapoli, Octavius Beltranus, 1630, in-4.
M. B.

592. Blaſii Ortizii Deſcriptio ſummi Tem-
pli Toletani. *Toleti, 1549, in-8.*
M. Cit.

593. Fr. Ludovici Soteli, de Eccleſiæ Ja-
ponicæ ſtatu relatio, acceſſit Fr. Juni-
peri de ancona conſultatio de cauſis &
modis religioſæ diſciplinæ in Societate
Jeſu inſtaurandæ, ex italicò latinè con-
verſa. *Anno 1634, in-4.* M. B.

III.

Hiſtoire des Papes & des Cardinaux.

594. J. B. Platinæ Vitæ ſummorum Pontificum. *Nurembergæ, per Ant. Coburger,
anno* 1481, *in-fol.* M. R.

595. Compendio de la Vida y Hazanas
del Cardenal Don Fray Franceſco Xi-
menez de Ciſneros, y del oficio y miſſa
Muzarabe, por Eugenio de Robles.
En Toledo, por Pedro Rodriguez, 1604,
in-4. M. R.

IV.

Hiſtoire des Ordres Monaſtiques & Reli-gieux, des Monaſteres, & des Ordres Militaires & de Chevalerie.

596. Monaſteriologia in quâ inſignium
aliquot Monaſteriorum familiæ Sancti
Benedicti in Germaniâ, origines, fun-
datores, clarique viri ex eis oriundi deſ-
cribuntur, Auctore Carolo Stengelio.
Auguſtæ Vindelicorum, 1619, *in-fol.*
M. Cit

597. Rogeri Dodſworth & Guil. Dug-
dale, Monaſticon Anglicanum. *Londini, Typis Rich. Hodgkinſonne,* 1655,
5 vol. *in-fol.* M. R. == Ejuſdem Monaſ-

tici Anglicani, Tomus primus, editio
secunda auctior. *Londini, Christ. Wil-
kinson,* 1682, *in-fol.* V. B.

598. Bartholomæi (Albizzi) de Pisis, liber
Conformitatum vitæ Beati Francisci ad
vitam Jesu Christi. *Mediolani, per Go-
tardum Ponticum, anno* 1510, *in-fol.*
M. R. *Exemplar elegans.*

599. Ejusdem Operis Conformitatum
Sancti Francisci, editio secunda originalis. *Mediolani, in ædibus Zanoti Castillionei, anno* 1513, *in-fol.* M. B. *lavé,
réglé.*

600. Ejusdem Operis editio altera. *Bononiæ, apud Alexandrum Benatium,* 1590,
in-fol. M. Cit.

601. Légende Dorée, ou Sommaire de
l'Histoire des Freres Mendians. *Leyden,
Jean le Maire,* 1608, *in-8.* M. B.

602. Imago primi sæculi Societatis Jesu,
cum figuris æneis emblematicis. *Antverpiæ, ex officinâ Plantinianâ,* 1640,
in-fol. M. B.

603. Histoire de tous les Ordres Militaires
ou de Chevalerie, contenant leurs Ins-
titutions, Cérémonies, Pratiques, &c.
avec des figures gravées par Adrien
Schoonebeck. *Amsterdam,* 1699, 2 vol.
in-8. M. B.

V.

Martyrologes & Vies des Saints.

604. Bonini Monbritii Vitæ Sanctorum.
Mediolani, *circà annum 1479, 2 vol.*
in-fol. M. R.

605. La Légende des Saints. *Ancien Mſſ.*
ſur papier, in-fol. M. R.

606. Divi Rochi Narbonenſis Vita, per
Joannem Pinum, edita. *Pariſiis, Joan.*
Parvus, 1516. = Allobrogicæ Narratio-
nis Libellus. *Pariſiis, Joan. Parvus,*
1516, in-4. M. B.

607. Vita & Proceſſus Sancti Thomæ
Cantuarienſis Martyris, ſuper libertate
Eccleſiaſticâ. *Pariſiis, Joan. Philippi,*
1495, in-fol. M. B.

608. Vita Ignatii Loiolæ, Societatis Jeſu
Fundatoris, libris V comprehenſa, Auctore Petro Ribadeneira. *Neapoli, 1572,*
in-8. M. *relié à compartimens, lavé,*
réglé.

609. Divæ Catherinæ Senenſis & Philippi
Beroaldi Bononienſis Vita, per Joann.
Pinum. *Bononiæ, Benedict. Hectoreus,*
1505, in-4. M. R.

610. Vita miracoloſa della Serafica S. Ca-
therina da Siena; compoſta in latino
dal Frate Raimondo da Capua, & tradotta dal Frate Ambroſio Catharino da
Siena.

Siena. *In Venetia, Pietro Marinelli,* 1587, *in-8. M. R.*

VI.

Histoire des Inquisitions.

611. Lud. à Paramo, de origine & progressu Officii Sanctæ Inquisitionis ejusque dignitate & utilitate, libri tres. *Matriti, ex Typographiâ Regiâ,* 1598, *in-fol. M. B. dentelles.*

SECTION IV.

HISTOIRE PROFANE.

Histoire ancienne, ou des Monarchies anciennes.

I.

Histoire des Juifs, des Babyloniens, des Assyriens, des Perses, &c.

612. Flavii Josephi Opera omnia, græcè & latinè, stud. Sigiberti Havercampi. *Amstelodami, Wetstein,* 1726, *2 uol. in-fol. Ch. Mag. V. F.*

613. Guidonis de Columna Liber de Casu Trojæ. *Codex Mss. in membranis, anno ~~1287~~ exaratus, cum figuris auro*

& coloribus depictis, in-fol. M. B.

614. Xenophontis Opera omnia, græcè & latinè, cum Notis Joannis Leunclavii. *Lutetiæ Parisiorum, Typis Regiis, apud Societatem Græcarum editionum,* 1625, *in-fol.* Ch. Mag. M. R. *lavé, réglé.*

615. Xenophonte della Vita di Cyro Re de Persi, tradotto in lingua Toscana da Messer Poggio. *In Firenze, per Gli Heredi di Philippo di Giunta,* 1521, *in-8.* M. B.

616. Histoire d'Alexandre le Grand. Mss. *sur velin, in-fol.* M. R.

617. Guillel. Postelli de Magistratibus Atheniensium Liber. *Parisiis, Mich. Vascosan,* 1541, *in-4.* V. F.

I I.

Histoire Romaine, générale & particuliere.

618. Titi Livii Historiarum Libri qui su-persunt. *Mediolani, apud Antonium Zarothum, anno* 1480, *in-fol.* Ch. Mag. M. B.

619. Tite-Live des Faits des Romains; traduit en françois. *Mss. sur velin, avec de fort belles miniatures, 2 vol. in-fol. couverts en velours.*

620. Polybii Historiarum Libri qui su-persunt, græcè & latinè, cum Com-mentariis Isaaci Casauboni. *Parisiis,*

Drouart, 1609, *in-fol. Chartâ Mag.*
M. R.

621. Appiani Alexandrini Hiſtoriæ, latinè. *Venetiis, per Bernardum Pictorem
& Erhardum Ratdolt de Auguſta, anno
1477, in-fol.* M. R.

622. Hiſtoria delle Guerre de Romani di
Appiano Alexandrino, tradocta da Ale-
xandro Braccio. *In Venetia, Gregorio
de Gregori, 1524, in-8.* M. R.

623. Saluſtio Volgareggiato, per Agoſtino
Ortica de la Porta. *In Venegia, per
Zorzi di Ruſconi, 1518, in-8.* M. R.

624. Caii Julii Cæſaris Commentarii. *Venetiis, per Nicolaum Jenſon, anno 1471
in-fol.* M. R. *lavé, réglé. Exemplar elegans.*

625. Iidem Cæſaris Commentarii, cum
Annotationibus Samuelis Clarke, &
figuris elegantiſſimis decorati. *Londini,
Tonſon, 1712, in-fol.* M. R. *lavé,
réglé.*

626. Commentaires de Jules-Céſar, de la
Guerre de Gaule, traduits en françoïs
par Robert Gaguin. *Lyon, Jean de
Tournes, 1555, 2 vol. in-8.* M. Viol.

627. Commentarii di Caio Julio Ceſare,
tradotti in volgare per Agoſtino Ortica
de la Porta. *In Venezia, Jacopo Penzio
da Lecho, 1517, in-8.* M. B.

628. Publi Cornelii Taciti Opera, quibus
accedunt ejuſdem Autoris Libri V

priores noviter reperti, atque cum reliquis ejus operibus in unum editi, juſſu Leonis X Pont. Max. Curâ Philippi Beroaldi. *Romæ, per Stephanum Guillereti,* 1515, *in-fol.* M. R.

629. Hiſtoriæ Auguſtæ Scriptores. *Venetiis, in ædibus Aldi, & Andreæ Soceri,* 1521, *in-8. 2 vol.* M. R. *Exemplar impreſſum in membranis.*

630. Romanæ Hiſtoriæ Compendium, per Pomponium Lætum. *Impreſſum abſque loco & anno, in-4.* V. F.

I I I.

Hiſtoire Byzantine, ou de l'Empire de Conſtantinople.

631. Corpus Hiſtoriæ Byzantinæ, ſcilicet: Philippi Labbe, de Byzantinæ Hiſtoriæ Scriptoribus publicandis Protrepticon, *Pariſiis, è Typographiâ Regiâ,* 1648. == Excerpta de Legationibus, græcè & latinè, ex Interpretatione Caroli Cantoclari, &c. *Pariſiis, è Typographiâ Regiâ,* 1648, *in-fol. Chartâ Mag.* M. R.

632. Procopii Cæſarienſis Hiſtoriarum ſui temporis Libri octo, græcè & latinè, Interprete Claudio Maltreto. *Pariſiis, è Typographiâ Regiâ,* 1662, *2 vol. in-fol. Ch. Mag.* M. R.

633. Agathiæ Scholastici de Imperio & rebus gestis Justiniani Imperat. Libri V, græcè & latinè, stud. Bonavent. Vulcanii. *Parisiis, è Typographiâ Regiâ,* 1660, *in-fol.* Ch. Mag. M. R.

634. Chronicon Paschale, à mundo condito, ad Heraclii Imperatoris annum vicesimum, græcè & latinè, stud. Caroli du Fresne Dom. du Cange. *Parisiis, è Typographiâ Regiâ,* 1688, *in-fol.* Ch. Mag. M. R.

635. Georgii Syncelli Monachi Chronographia, ab Adamo usque ad Diocletianum, græcè & latinè, stud. Jac. Goar. *Parisiis, è Typographiâ Regiâ,* 1652, *in-fol.* Ch. Mag. M. R.

636. Theophanis Chronographia. Leonis Grammatici vitæ recentiorum Imperatorum, græcè & latinè, edente Francisco Combefis. *Parisiis, è Typographiâ Regiâ,* 1655, *in-fol.* Ch. Mag. M. R.

637. Anastasii Bibliothecarii Historia Ecclesiastica, & de vitis Pontificum, stud. Caroli Annib. Fabroti. *Parisiis, è Typographiâ Regiâ,* 1649, *in-fol.* Ch. Mag. M. R.

638. Historiæ Byzantinæ Scriptores post Theophanem, græcè & latinè, studio Patris Franc. Combefis. *Parisiis, è Typographiâ Regiâ,* 1685, *in-fol.* Ch. Mag. M. R.

639. Georgii Cedreni Compendium His-

toriarum, ab orbe condito ad Isaacum Comnenum, græcè & latinè, studio Jac. Goar, & Caroli Annib. Fabroti. *Parisiis, è Typographiâ Regiâ,* 1647, *2 vol. in-fol. Ch. Mag.* M. R.

640. Constantini Manassis Breviarium Historicum, græcè & latinè, studio Leonis Allatii & Car. Annibalis Fabroti. *Parisiis, è Typographiâ Regiâ,* 1655, *in-fol. Ch. Mag.* M. R. = Georgii Codini excerpta de antiquitatibus Constantinopolitanis, græcè & latinè. *Parisiis, è Typographiâ Regiâ,* 1655, *in-fol. Ch. Mag.* M. R.

641. Michaëlis Glycæ Annalium à mundi exordio, usque ab obitum Alexii Comneni Imperatoris, Libri IV, græcè & latinè, edente Philippo Labbe. *Parisiis, è Typographiâ Regiâ,* 1660, *in-fol. Ch. Mag.* M. R.

642. Joannis Zonaræ Annales, græcè & latinè, studio Caroli du Fresne, Dom. du Cange. *Parisiis, è Typographiâ Regiâ,* 1686, *2 vol. in-fol. Ch. Mag.* M. R.

643. Annæ Comnenæ Porphyrogenitæ Cæsarissæ Alexias Libri XV, græcè & latinè, stud. Petri Possini. *Parisiis, è Typographiâ Regiâ,* 1651, *in-fol. Ch. Mag.* M. R.

644. Joannis Cinnami Imperatorii Grammatici Historiarum Libri sex, seu de

rebus geſtis à Joan. & Manuele Comnenis Imperatoribus, græcè & latinè, edente Carolo du Freſne Domino du Cange. *Pariſiis, è Typographiâ Regiâ,* 1670, *in-fol. Ch. Mag.* M. R.

645. Nicetæ Acominati Choniatæ, magni Logothetæ ſecretorum, præfecti ſacri Cubiculi, Hiſtoria, græcè & latinè, curâ Caroli Annibalis Fabroti. *Pariſiis, è Typographiâ Regiâ,* 1647, *in-fol. Ch. Mag.* M. R.

646. Georgii Acropolitæ Hiſtoria Byzantina, ab anno 1204, ad annum 1261, græcè & latinè, ſtudio Leonis Allatii. *Pariſiis, è Typographiâ Regiâ,* 1651, *in-fol. Ch. Mag.* M. R. = Ducæ, Michaëlis Ducæ nepotis Hiſtoria Byzantina, græcè & latinè, cum interpretatione & notis Iſmaëlis Bulialdi. *Pariſiis, è Typographiâ Regiâ,* 1649, *in-fol. Ch. Mag.* M. R.

647. Georgii Pachymeris Michaël Palæologus, ſive Hiſtoria rerum à Michaële Palæologo antè Imperium, & in Imperio geſtarum, græcè & latinè, interprete Petro Poſſino. *Romæ, Typis Barberinis,* 1666, *in-fol. Chartâ Mag.* M. R.

648. Georgii Pachymeris Andronicus Palæologus, ſive Hiſtoria rerum ab Andronico Seniore in Imperio geſtarum, uſque ad annum ætatis ejus undè quin-

quagefimum, græcè & latinè, interprete Petro Poffino. *Romæ, Typis Barberinis,* 1669, *in-fol. Ch. Mag.* M. R.

649. Joannis Cantacuzeni Eximperatoris Hiftoriarum Libri IV, græcè & latinè, ftud. Jacobi Pontani. *Parifiis, è Typographiâ Regiâ,* 1645, *3 vol. in-fol. Ch. Mag.* M. R.

650. Nicephori Gregoræ Hiftoria Byzantina, græcè & latinè, ftud. Joan. Boivin. *Parifiis, è Typographiâ Regiâ,* 1702, *2 vol. in-fol. Ch. Mag.* M. R.

651. Chronicon Orientale, feu Hiftoria Orientalis, & præcipuè Arabum ac Saracenorum ante Mahometum, ftudio Abrahami Ecchellenfis. *Parifiis, è Typographiâ Regiâ,* 1651, *in-fol. Ch. Mag.* M. R.

652. Laonici Chalcocondylæ Athenienfis Hiftoriæ Turcarum Libri X, græcè & latinè, ftudio Caroli Annibalis Fabroti. *Parifiis, è Typographiâ Regiâ,* 1650, *in-fol. Ch. Mag.* M. R.

653. Georgius Codinus Curopalata, de Officiis magnæ Ecclefiæ, & Aulæ Conftantinopolitanæ, græcè & latinè, curâ Petri Jacobi Goar. *Parifiis, è Typographiâ Regiâ,* 1648, *in-fol. Ch. Mag.* M. R.

654. Imperium Orientale, five antiquitates Conftantinopolitanæ, in IV partes diftributæ, græcè & latinè, ftudio Dom. Anfelmi

Anselmi Banduri. *Parisiis Coignard,* 1711, *2 vol. in-fol. Ch. Mag.* M. R.

655. Oriens Christianus, in IV Patriarchatûs Digestus , studio Michaëlis le Quien. *Parisiis , è Typographiâ Regiâ,* 1740, *3 vol. in-fol. Ch. Mag.* M. R.

656. Constantini Porphyrogenneti Imperatoris Constantinopolitani , Libri duo de Cerimoniis Aulæ Byzantinæ , græcè & latinè, curantè Joan. Jac. Reiskio. *Lipsiæ , Gleditchius ,* 1751 , *in-fol. Ch. Mag.* M. R.

657. Historia Byzantina Duplici Commentario illustrata , seu familiæ Byzantinæ , Auct. Carolo du Fresne Dom. du Cange. *Parisiis , Billaine ,* 1680, *in-fol. Ch. Mag.* M. R.

658. Histoire de Constantinople sous les Empereurs François , par Geoffroy de Ville-Hardouin ; avec les Observations de Charles du Fresne Sieur du Cange. *Paris , de l'Imprimerie Royale ,* 1657 , *in-fol. gr. pap.* M. R.

659. Theophylacti Archiepiscopi Bulgariæ Institutio Regia , græcè & latinè, stud. Petri Possini. *Parisiis , è Typographiâ Regiâ ,* 1651 , *in-4.* M. R.

660. Notitia Dignitatum Imperii Romani , ex recensione Phil. Labbe. *Parisiis , è Typographiâ Regiâ ,* 1651 , *in-12.* M. R.

SECTION V.

Histoire moderne.

I.

Histoire d'Italie, générale & particuliere.

661. Auctores vetustissimi nuper in lucem editi, scilicet Myrsilus Lesbius de origine Italiæ, Marcus Portius Cato de origine gentium, Archilochus de Temporibus, &c. *Venetiis, Bernardinus,* 1498, *in-4. V. F.*

662. La Historia di Italia di Messer Francesco Guicciardini. *In Fiorenza Appresso Lorenzo Torrentino,* 1561, *in-fol. M. B.*

663. Guill. Postelli Commentatio de Etruriæ regionis quæ prima in orbe Europæo habitata est, originibus, institutis, &c. & imprimis de auræi seculi doctrinâ. *Florentiæ,* 1551, *in-4. M. B.*

664. Della Sicilia di Filippo Paruta descritta con Medaglie. *In Palermo, Maringo,* 1612, *in-fol. M. R.*

665. Dichiarazioni della Pianta dell' antiche Siracuse, & d'alcune scelte Medaglie desse, e de Principi che quelle possedettero, descritte da Don Vincenzo

Mirabella. *In Napoli, per Lazaro Scor-*
rigio, 1613, in-fol. M. B.

666. M. Antonii Coccii Sabellici rerum
venetarum, ab urbe conditâ Libri
XXXIII. *Venetiis, Andr. de Torefanis*
de Afula, 1487, *in-fol.* M. B.

667. Hiftoria Fiorentina compofta da Meffer Lionardo Aretino in latino, & tradocta in lingua Tofcana da Donato
Acciaioli. *In Venegia, per Jacomo de*
Roffi, anno 1476. = Hiftoria Fiorentina
di Meffer Poggio, tradocta di lingua
latina in lingua Tofcana da Jacopo fuo
Figliuolo. *In Venegia, per Jacopo de*
Roffi, anno 1476, *in-fol.* M. R.

668. Hiftoria di Milano da Bernardino
Corio. *Mediolani, Minutianus,* 1503,
in-fol. V. F.

669. Joan. Simonetæ Commentarii de
rebus à Francifco Sphortia geftis. *Me-*
diolani, per Ant. Zarotum, anno 1479,
in-fol. M. R.

670. La Sfortiada di Giovanni Simoneta
tradotta di latino in lingua Fiorentina,
per Chriftophoro Landino. *In Milano,*
per Ant. Zarotum, anno 1490, *in-fol.*
M. B.

671. Hiftoria di Cremona da Antonio
Campo. *In Cremona,* 1585, *in-folio,*
Ch. Mag. M: B.

672. Chronica di Mantua, di Mario Equi-

cola di Álveto. *In Mantoa, 1521, in-4.* M. R.

673. Les grands Chroniques des Princes de Savoye & Piedmont, ensemble les Généalogies & Antiquités de Gaule; par Symphorien Champier. *Paris, Jean de la Garde, 1516, in-fol.* M. B.

674. Dialogo Curioso sopra la Guerra che Altezze di Modona e Parma fanno contra il Papa. *In-12.* M. B.

675. La merveilleuse & très-cruelle oppugnation de Rhodes, par Sultan Séliman, rédigée par Frere Jacques Bâtard de Bourbon. *Paris, Gourmont, 1526, in fol.* M. cit.

I I.

HISTOIRE DE FRANCE.

Histoire générale de France sous plusieurs Regnes, écrite par des Auteurs contemporains ou autres.

676. Les grandes Chroniques de France, dites Chroniques de Saint Denis. *Paris, Antoine Verard, 1493, 3 vol. in-fol.* M. R. Viol. & cit.

677. Les Chroniques de France, traduites du latin de Robert Gaguyn, en françois. *Paris, Ponset Lepreux, 1516, in-fol.* V. F.

678. Jeux historiques des Rois & Reines
de France, Géographie & Métamorphose ; par Jean Desmarets, avec figures
gravées par Dola Bella. *Paris, Nicolas
le Clerc, 1698, in-12. M. Cit.*

*Histoire particuliere de France sous chaque
Regne.*

679. La Sainte Vie, & les hauts Faits de
Monseigneur S. Louis, Roy de France.
Paris, Christophe Ballard, 1684, in-8.
M. B.

680. Histoire de la Vie, faits Héroïques,
& Voyages de Louis III, Duc de Bour-
bon, arriere-fils de Robert, Comte de
Clermont, Baron de Bourbon, fils de
Saint Louis ; par Papirius Masson.
Paris, François Huby, 1612, in-8.
M. R.

681. Discours sur l'Histoire du Roy Charles VII, jadis écrite par Alain Chartier,
son Secrétaire. *Paris, Abel l'Angelier,
1594, in-8. M. Cit.*

682. Les gestes de François de Valois,
Roy de France ; par Etienne Dolet.
Lyon, Etienne Dolet, 1540, in-4.
M. B.

683. La Vie & les Gestes du preux Chevalier Bayard. *Paris, Jean Bonfons,*
in-4. M. B.

684. La très-joyeuse, plaisante & récréa-

tive Histoire du bon Chevalier sans paour & sans reproche le gentil Seigneur de Bayart. *Paris, Galliot Dupré, 1527, in-fol.* M. R.

685. Le Panégyrique du Chevalier sans reproche ; par Jean Bouchet. *Poitiers, Jacques Bouchet, 1527, in-4.* M. R.

686. La Complainte de trois Gentils-hommes François, occiz & morts au Voyage de Carrignan, Bataille & Journée de Cirizolles, par François de Sagon. *Paris, Denys Janot, 1544, in-8.* M. B.

687. Faits & Dits mémorables de plusieurs grands Personnages & Seigneurs François, & de choses rares & secrettes advenues en France, ès regnes du Roy François premier, Henry, & François second, & Charles IX. *1565, in-8.* M. B.

688. De furoribus Gallicis, horrendâ & indignâ Amirallii Castillionei, nobilium virorum cæde, sceleratâ piorum strage passim editâ per complures galliæ civitates, vera & simplex narratio. Autore Ernesto Varamundo Frisio. *Edimburgi, 1573, in-4.* M. B.

689. Apologie Catholique contre les Libelles publiez par les Liguez, perturbateurs du Royaume de France. *1585, in-8.* M. R.

690. Sermons de la simulée conversion de

Henry de Bourbon, Prince de Béarn ;
par Jean Boucher. *Jouxte, la copie im-*
primée à Paris, 1594, *in-8. M. B.*

691. Le Banquet & Après-dînée du Comté
d'Arete, où il se traite de la dissimulation
du Roi de Navarre, & des mœurs de
ses Partisans ; par d'Orléans. *Arras,*
Jean Bourgeois, 1594, *in-8. M. B.*

692. Remontrance faite au Roy Henry, le
Grand, sur le rappel des Jésuites. 1610.
═Prosopopée de la Pyramide du Palais.
═Complainte au Roy sur la Pyramide,
& autres Pieces. *In-8. M. B.*

693. Les Fortunes & Vertus de Henry,
Roi de France & de Navarre, comparées à celles d'Alexandre le Grand ; par
Reboul. *Paris, Jean Houzé*, 1604,
in-12. M. V.

694. Lettre mistique, réponce, réplique ;
Mars joue son rolle en la premiere ; en
la seconde, la bande & le chœur de
l'Etat ; la troisieme figure l'amour de
Polypheme & Galathée & des sept
Pasteurs. *Leyden*, 1603, *in-8. M. B.*

695. Mémoires de la Reine Marguerite.
Goude, Guillaume de Hoeve, 1649,
in-16. M. R.

696. Mémoires d'un Favori de Son Altesse
Royale M. le Duc d'Orléans. *Leyde,*
Jean Sambix, 1668, *in-12. M. B.*

697. Médailles sur les principaux Evénemens du Regne de Louis le Grand,

avec des Explications historiques. *Paris, de l'Imprimerie Royale*, 1723, *in-fol.* M. R.

698. Mémoires de M. du Guay-Trouin, Lieutenant-Général des Armées Navales de France. *Paris*, 1740, *in-4. gr. pap.* V. F.

Histoire des Villes de France.

699. Les Chroniques de Normandie, esquelles sont contenues les vaillances & prouesses des Ducs, Barons & Seigneurs de la noble Duché de Normandie. *Rouen, Jean Burges, in-4.* M. B.

700. Recherches du sieur Nicolas Chorier, sur les Antiquités de la ville de Vienne. *Lyon, Claude Baudrand*, 1658, *in-12.* M. R.

701. Idée de la ville de Montpellier, recherchée & présentée aux honnestes gens ; par Pierre Gariel. *Montpellier, Daniel Pech*, 1665, *in-fol.* M. B.

Mélanges sur l'Histoire de France.

702. Francisci Hotomani Francogallia. *Francofurti, Andreas Wechel*, 1586, *in-8.* M. cit.

703. Le Cabinet du Roi de France, dans lequel il y a trois Perles précieuses d'inestimable

d'ineſtimable valeur ; par Nicolas Frou-
menteau. 1582, *in-8. V. F.*

704. Paſquin Romain, en latin & en
françois, Dialogue entre la France,
l'Eſpagne, &c. *Lyon, Jean Robichon,*
1556. == Paſſevent Pariſien, répondant
à Paſquin Romain. *Toloſe, Henry Ma-*
rechal, 1556. == L'Ordonnance du Roi
pour aller de-là les Monts, avec le
nombre des Lances & des Gens de pied
pour faire ledit Voyage. == Déploration
de la Mort du feu Roy François premier de ce nom. *Paris,* 1547. == Epître
de l'Amoureux aux Dames de France
fugitives pour la guerre. *Paris, Jean*
du Pin. == Le *Nunc dimittis* des Anglois.
== Copie des Lettres du Roy, envoyées
à M. de Vandoſme en Picardie. == La
Complainte de la Cité Chrétienne, faite
ſur les Lamentations de Hiérémie. == La
Déſolation de la ville de Naples. == Lettres du Roy de Hongrie au Pape Léon
X. == La Couvée des Anglois & des Eſpagnols qui ont cuydé deſcendre en
Bretaigne, avec la Chanſon de la re-
pentance des Anglois & des Eſpagnols.
== La Rencontre & Déconfiture des
Hennoyers, faite entre Saint-Paul &
Béthune. *Paris.* == La Prinſe & Défaite
des Anglois par les Bretons, devant la
ville de Harfleur. 1543. == Epître qui fait

Q

mention comment François premier veut prendre congé de la Reine, pour aller de-là les Monts; par Guillaume le Maitre.== Epitaphes en Rondeaux, de la feue Reyne Duchesse de Bretaigne. == L'Ordre qui fut tenu aux Obseques de feue Madame Claude, Reyne de France & Duchesse de Bretaigne.== Le Département de l'Armée du Roy pour aller aux Italies, avec le nombre des Gentilshommes & des Gendarmes qui font avec lui.== La Towre, du latin de M. Thoumas; par Philippe Arnauld. *Angoulesme*, 1592.== Discours véritable de la malheureuse Conspiration, & Attentat, contre M. le Duc d'Epernon. *Angoulesme*, 1588.== Chanson joyouse in lingage Pœtevinea, fate do sege mis devant Pœters par l'Amiro. *Pœters*, 1569, *in-8. M. V.*

705. Nouveaux Caracteres de la Famille Royale, des Ministres d'Etat, & des principales Personnes de la Cour de France; avec une supputation exacte des Revenus de cette Couronne. *Ville-franche, Paul Pinceau*, 1703, *in-12. M. B.*

706. Figures des Monnoyes de France, par J. B. Haultin. *Paris*, 1619, *in-4.* lavé, réglé, *M. B.*

707. Recherches curieuses des Monnoyes

de France, depuis le commencement
de la Monarchie; par Claude Boute-
roüe. *Paris, Martin,* 1666, *in-fol. gr.*
pap. M. R. *lavé, réglé.*

708. Traité historique des Monnoyes de
France, depuis le commencement de
la Monarchie jusqu'à présent; par le
Blanc. *Paris, Ribou,* 1703. = Disserta-
tion historique sur quelques Monnoyes
de Charlemagne, &c. *Paris, J. B. Coi-*
gnard, 1689, *in-4.* M. R.

709. Cérémonies qui furent observées aux
Obsèques d'Anne de Bretagne, Reine
de France; avec des Poësies sur la mort
de cette Princesse. *MSS. sur velin, avec*
miniatures, in-fol. M. B.

III.

Histoire d'Allemagne, des Pays-Bas,
d'Espagne & de Portugal, &c.

710. Epiniciorum à Populo Christiano,
post deletos acie Pragensi Perduelles,
Deo, Sanctis, Ferdinando Cæsari, &
Maximiliano Bavariæ Duci Exibendo-
rum Pegmata Sacra. 1621, *in-4.* = Apo-
calypsis Bohemica, seu admirabilis &
stupenda Visio belli Bohemici causam
& exitum portendens. 1620, *in-4.*
M. R.

711. Le Miroir de la cruelle & horrible Tyrannie Espagnole , perpétrée aux Pays-Bas, par le Tyran Duc d'Albe, & autres. *Amsterdam, Jan Evertß, 1620,* in-4. M. *Viol.*

712. Varias Antiguedades de España, Africa y otras Provincias, por Bernardo Aldrete. *En Amberes ,* 1614 *, in-4.* M. *cit.*

713. La Cronica de España, por Diego de Valera. *En Salamanca, anno* 1493, in-fol. M. R.

714. Joannis Marianæ, Historiæ de rebus Hispaniæ, Libri XX. *Toleti , Typis Petri Roderici ,* 1592 *, in-fol.* M. B.

715. Ælii Antonii Nebricensis, rerum à Fernando & Elisabetha, Hispaniarum Regibus gestarum, Decades duæ. *Granatæ ,* 1545 *, in-fol.* M. R.

716. Investigaciones Historicas de las antiguedades del Reyno de Navarra, por el Padre Joseph de Moret. *En Pamplona , por Gaspar Martinez,* 1665 *, in-fol.* M. R.

717. Hispanicæ Dominationis Arcana. *Lugd. Bat. Abrah. Commelinus,* 1643 *, in-12.* M. R.

718. De Antiquitatibus Lusitaniæ, à Lucio Andræa Resendio olim Inchoati, & à Jacobo Vasconcello Recogniti,

Libri IV. *Eboræ, Martinus, 1593, in-fol.*
M. R.

719. Historia del Infante Don Pedro de
Portugal. *En Salamanca, Viuda Anto-*
nia Ramirez, 1622, in-4. M. R.

SECTION VI.

Histoire des Monarchies hors de l'Europe.

720. Des Histoires Orientales, & principalement des Turcs ; par Guillaume
Postel. *Paris, Hiérosme de Marnef,*
1575, in 8. V. F.

721. De la République des Turcs ; par
Guillaume Postel. *Poitiers, Engilbert*
de Marnef, 1560, in-4. M. R.

722. Histoire & considération de l'origine,
loi & coutume des Tartares, Persiens,
Arabes & Turcs ; par Guillaume Postel.
Poitiers, Engilbert de Marnef, 1560,
in-4.

723. Marco Paulo das custumes das gen-
tes, y das terras y provincias Orientaes.
En Lysboa, por Valentym Fernandes
Alemaão, mil y quinhentos y dous annos.
in-fol. M. R.

724. Historia del gran Tamorlan, e Itine-
rario y enaracion del Viagge y Relacion
de la Embaxada que Ruy Gonçalez de
Clavijo le Hizo, por mandado del Se-

ñor Rey Don Henrique el Tercero de Castilla, por Gonçalo Argote de Molina. *En Sevilla, Andrea Pescioni, 1582, in-fol.* M. R.

725. L'Institution des Loix, Coutumes, & autres choses merveilleuses & mémorables, tant du Royaume de la Chine que des Indes, contenues en plusieurs Lettres envoyées aux Religieux de la Compagnie de Jesus. *Paris, Sébastien Nivelle, 1556, in-16.* M. R.

726. Regionum Indicarum per Hispanos olim devastatarum accuratissima descriptio; Authore Barth. de las Casas. *Heidelbergæ, Guil. Walter, 1664, in-4.* M. B.

SECTION VII.

Paralipomenes historiques.

Histoire généalogique & héraldique.

727. Le Combat de Mutio Justinopolitain, avec les Réponses Chevaleresses; traduit d'italien en françois par Antoine Chapuis. *Lyon, Guill. Roville, 1581, in-4.* M. R.

728. Simonis Simonii de vera nobilitate liber. *Lipsiæ, 1572, in-4.* M. R.

729. Hieronymi Henninges Theatrum

genealogicum. *Magdeburgi, Kirchnerus,* 1598, *6 vol. in-fol.* M. R.

730. Mémoires fur l'état du Clergé & de la Nobleffe de Bretagne; par le Pere Touffaints de Saint-Luc. *Paris, veuve Prignard,* 1691, *3 tomes en* 2 *vol. in-8.* M. R.

731. Nobiliaire de Dauphiné, ou Difcours hiftorique des Familles nobles qui font en cette Province, avec le Blafon de leurs Armoiries; par Guy Allard. *Grenoble, Robert Philippes,* 1671, *in-*12. M. R.

732. L'état politique de la Province de Dauphiné; par Nicolas Chorier. *Grenoble, Robert Philippes,* 1671, *4 vol. in-*12. M. R.

733. Hiftoire généalogique de la Maifon du Chatelet, branche puînée de la Maifon de Lorraine; par Dom Auguftin Calmet. *Nancy, Cuffon,* 1741, *in-fol.* M. R.

734. Li Pregi della nobilita Veneta Abbozzati in un givoco d'arme di tutte le famiglie, da Cafimiro Frefchot. *In Venezia, Andr. Poletti,* 1682, *in-*12. M. R.

735. Simonis Okolski Orbis Polonus, in quo antiqua Sarmatarum Gentilitia, pervetuftæ nobilitatis Polonæ infignia vetera & nova indigenatus meritorum

præmia & arma, specificantur & relucent. *Cracoviæ*, 1641, *3 vol. in-fol.* V. F.

SECTION VIII.

ANTIQUITÉS.

I.

Rites, usages & coutumes des Anciens de différentes Nations.

736. Discorso del Sig. Guglielmo du Choul, sopra la Castrametatione, & Bagni antichi de i Greci, & Romani. *In Venegia, Altobello Salicato,* 1582, *in-8. M. R.*

737. Le Réveil de Chyndonax, Prince des Vacies, Druydes, Celtiques Dijonnois, avec la sainteté, religion, & diversité des cérémonies observées aux anciennes sépultures. *Dijon, Claude Guyot,* 1621, *in-4. M. cit.*

II.

Histoire lapidaire, ou Inscriptions & Marbres antiques, Médailles, Monnoyes, &c.

738. Collectanea Antiquitatum in urbe, atque agro Moguntino repertarum.

Moguntiæ, Joannes Schoyffer, 1525 ;
in-fol. V. F. 22

739. Lythologia ò explicacion de las Pie-
dras, y otras antiguedades de Valencia, por Joseph. Vincente del Olmo.
En Valencia, por Bern. Noguez, in-4.
M. R.

740. Dialogos de Medallas, inscriciones,
y otras antiguedades, ex Bibliothecâ
Ant. Augustini. *En Tarragona, por*
Felipe Mey, 1587, *in-4. M. R. Exem-*
plar elegans.

741. Discours sur les Médailles & Gra-
vures antiques, principalement Romai-
nes ; par Antoine le Pois. *Paris, Ma-*
mert Patisson, 1579, *in-4. M. cit. à com-*
partimens.

742. Numismata Imperatorum Romano-
rum à Trajano Decio ad Palæologos
Augustos ; accessit Bibliotheca Num-
maria, stud. Dom. Anselmi Banduri.
Parisiis, Montalant, 1718, *2 vol. in-fol.*
Ch. Mag. M. R.

743. Museo de las Medallas descoñocidas
Españolas, por Vincencio Juan de Lastanosa. *En Huesca, por Juan Noguez,*
1645, *in-4.* M. R.

744. El Ajustamiento y proporcion de las
Monedas de oro, plata, y cobre, por
Alonzo Caranza. *En Madrid, Fran.*
Martinez, 1629, *in-fol.* M. B.

745. Explicacion de unas Monedas de oro de Emperadores Romanos, por el Doctor Juan de Quiñones. *En Madrid, por Luis Sanchez, 1620, in-4.* M. Cit.

746. Tratado de la Moneda Jaquesa, y de otras de oro, y plata, del Reyno de Aragon, por Don Vincente Juan de Lastanosa. *Zaragoza, 1681, in-4.* M. R.

747. Sommaire, ou Epitome du Livre de *Asse,* par Guillaume Budé. *Paris, 1538, in-8.* M. V.

748. Museum Florentinum, exibens insigniora vetustatis monumenta quæ Florentiæ adversantur. *Florentiæ, 1734, 10 vol. in-fol. Ch. Mag.* M. R. lavé, réglé. *Le tome X est en feuilles.*

SECTION IX.

HISTOIRE LITTÉRAIRE.

I.

Histoire des Lettres & des Langues.

749. Guillelmi Postelli, de Fœnicum litteris, seu de prisco latinæ & græcæ linguæ charactere, ejusque antiquissimâ origine & usu, Commentarius. *Parisiis,*

Vivantius Gaultherot, 1552, *in-8.*
M. R.

750. Recherches curieuses fur la diverfité
des Langues & Religions en toutes les
principales Parties du Monde, par Ed.
Brerewood, & traduites par Jean de la
Montagne. *Paris, Olivier de Varennes,*
1663, *in-8. V. B.*

II.

Bibliographie, ou Hiftoire & Defcriptions
de Livres.

Bibliographes généraux & particuliers,
Ecclésiaftiques, Nationaux, &c.

751. Bibliotheca Scriptorum Societatis Jefu, opus inchoatum à Petro Ribadeneira, continuatum à Phil. Alegambe,
& recognitum à Nathanaele Sotwello.
Roma, de Lazzaris, 1676, *in-fol.*
Velin.

752. La Bibliotheque françoife de François
Grudé, Sieur de la Croix du Maine.
Paris, Abel l'Angelier, 1584, *in-fol.*
gr. pap. M. B.

753. Petri Lambecii Hamburgenfis Commentarii de Auguftiffimâ Bibliothecâ
Cæfareâ Vindobonenfi. *Vinaobona,*

Cosmerovius, 1665, *8 vol. in-fol.*
M. R.

*Bibliographes simples, ou Catalogues
de Bibliotheques.*

754. Catalogue des Livres de feu M. l'Abbé d'Orléans de Rothelin ; par Gabriel
Martin. *Paris, Gabriel Martin,* 1746,
in-8. M. R.

755. Catalogue des Livres du Cabinet de
M. Girardot de Préfond, par Guillaume-
François Debure le jeune. *Paris, Guill.
Franç. Debure le jeune,* 1757, *in-8.
gr. pap.* M. R. *lavé, réglé, avec les
prix.*

SECTION X.

*V*IES DES PERSONNAGES ILLUSTRES.

I.

*V*ies des Hommes illustres, Grecs
& Romains.

756. Diogenis Laertii, de vitis Philosophorum Libri X, græcè. *Excudebat,
Henricus Stephanus,* 1570, *in-8.* M. R.

757. Idem Diogenes Laertius, de vitis
Philosophorum, græcè & latinè, cum

Notis Ægidii Menagii. *Londini, Pul-*
leyn, 1664, in-fol. Ch. Mag. V. F.

758. Walteri Burley Anglici Liber de
vitâ & moribus Philofophorum. Impr.
abfque loci & anni indicatione, in-fol.
M. R. 2 col. 38 lig.

759. Plutarchi Chæronenfis quæ extant
Opera, græcè & latinè, cum annotationibus Henrici Stephani. *Parifiis,*
Excudebat Henricus Stephanus, 1572,
13 *vol. in-8.* M. B. Ch. Mag. lavé,
réglé.

760. Les Vies des Hommes illuftres Grecs
& Romains, comparées l'une avec l'autre par Plutarque, tranflatées de grec
en françois par Jacques Amyot. *Paris,*
Vafcofan, 1567, 6 *vol. in-8.* M. R. lavé,
réglé.

761. Les Œuvres morales & mêlées de
Plutarque, tranflatées de grec en françois par Jacques Amyot. *Paris, Vaf-*
cofan, 1574, 7 *vol. in-8.* M. R. lavé,
réglé.

762. Décade, contenant les Vies des Empereurs Trajanus &c. extraites de plufieurs Autheurs Grecs & Latins, & mifes
en françois par Antoine Allegre. *Paris,*
Vafcofan, 1567, *in-8.* M. B. lavé,
réglé.

763. La même Décade, contenant les
Vies des Empereurs, traduite du grec

par Antoine Allegre. *Paris, Vascosan,*
1556, *in-*4. M. R. lavé, réglé.

764. Les Vies de huit excellens & renom-
més Personnages Grecs & Romains,
traduites du grec de Plutarque, par
George de Selve. *Lyon, Jean de Tour-*
nes, 1548, *in-*16. M. V.

765. Filoſtrato Lemnio, della Vita di
Apollonio Tianeo, tradotto per Fran-
ceſco Baldelli. *In Fiorenza, Lorenzo*
Torrentino, 1549, *in-*8. M. B.

766. L'Académie des Philoſophes, contenant leur vie, mœurs, geſtes, dits,
ſentences, &c. par Pierre Dubois. *Lyon,*
Pierre Rigaud, 1608, *in-*12. M. V.

I I.

Vies des Hommes illuſtres modernes.

767. Magni Tamerlanis Scytharum Imperatoris Vita, à Petro Perondino Pra-
tenſe conſcripta. *Florentiæ,* 1553, *in-*8.
M. B.

768. Le Livre de Jean Bocace, Poëte
Florentin, auquel il traite des faits &
geſtes des illuſtres & cleres Dames.
Paris, Jean Macé, 1538, *in-*8. M. V.

769. Les Vies des plus célébres & anciens
Poëtes Provenſaux, qui ont fleury du
temps des Comtes de Provence, par

Jean de Notre-Dame. *Lyon, Alexandre Marſilii*, 1575, *in*-8. M. R.

770. Michaëlis Maittaire Hiſtoria Typographorum aliquot Pariſienſium, Vitas & Libros complectens. *Londini, Chriſt. Bateman*, 1717, *in*-8. *Chartâ Mag.* M. V.

SECTION XI.

Extraits hiſtoriques, & diverſes Collections extraites des Hiſtoriens anciens & modernes.

771. Valerius Maximus de dictis factiſque memoralibus veterum. *Moguntiæ, per Petrum Schoyffer de Gernzheim, anno* 1471, *in-fol.* M. B. *Editio Primaria.*

772. Eorumdem Valerii Maximi Operum editio altera. *Abſque loci & anni indicatione, in-fol.* M. R.

773. Eorumdem editio altera. *Pariſiis,* 1475, *in-fol.* V. écailles.

774. Eorumdem editio altera. *Venetiis, in ædibus Aldi,* 1502, *in*-8. M. B.

775. Les Hiſtoires tragiques, extraites des Œuvres de Bandel, par François de Belleforeſt. *Lyon, Pierre Rigaud,* 1616, 7 *vol. in*-16. M. R.

776. Hiſtoires prodigieuſes, extraites de pluſieurs fameux Auteurs Grecs & La-

tins, traduites par P. Boaistuau, &c. Paris, *Guill. Cavellat*, 1598, 6 *tomes en 3 vol. in-16. M. Cit.*

777. Discours de la vérité des causes des décadences, mutations, changemens & ruines des Monarchies, Empires, Royaumes, & Républiques; par Claude Duret. *Lyon, Benoist Rigaud*, 1594, *in-8.*

778. Les grands & redoutables Jugemens & Punitions de Dieu advenus au monde, principalement sur les Grands, à cause de leurs méfaits. 1581, *in-8. M. B.*

779. L'Antiquité des Larrons, ouvrage composé en espagnol par Don Garcia, & traduit en françois par Daudiguier. *Paris, Toussaint du Bray*, 1623, *in-8. M. R.*

780. Les diverses Leçons de Pierre Messie, contenant variables & mémorables Histoires, traduites en françois par Claude Gruget. *Paris, Nicolas Bonfons*, 1584, *3 vol. in-16. M. R.*

FIN DE L'HISTOIRE.

TABLE

TABLE
DES AUTEURS.

A

B

C

D

H

I

V

K

L

M

N

O

Q

R

S

V

X

Y

Z

FIN.

www.ingramcontent.com/pod-product-compliance
Lightning Source LLC
LaVergne TN
LVHW051028200726
843508LV00001B/278